待機児童対策

保育の充実と女性活躍の両立のために

八田達夫
編著

日本評論社

はしがき——成功・失敗体験から学ぶ待機児童対策

　待機児童問題への対応は、ここ数年大きな政策課題であった。その中で、いくつかの民間事業者は、現場の必要性に基づいた制度改革を提言して政府に実現させてきたし、いくつかの自治体は、革新的な待機児童対策を講じ、着実に成果を上げてきた。本書の第Ⅰ部と第Ⅱ部は、編著者である八田が聞き手となり、そのような革新的な民間事業者や自治体の当事者の方々から直接伺ったインタビューの記録である。序章ではこれらに先立ち、これらインタビューの背景と概要を、保育政策の歴史的展望とともに、編著者が整理している。

　さらに、当事者たちへのインタビューをふまえて、第Ⅲ部では社会保障問題の専門家である八代尚宏氏（昭和女子大学特任教授）が、今後の望ましい待機児童対策を、介護保険制度との比較の観点から論じている。特に、介護保険制度では待機老人問題が発生していない一方で、保育制度では待機児童問題が発生している原因を説明している。最後の章では、編著者が、保育への公的関与の根拠の観点から、保育政策の抜本的改革案を示すとともに、政府が２０１９年10月から実行しようとしている保育無償化案の改善策を提案している。

　待機児童問題解決のための対策を行った自治体の多くは、複雑な行政的・政治的背景のもとで改革を遂行してきた。したがって、実現された対策の多くは、ブレークスルーであると同時に妥協の産物でもある。これまで行われた対策の複雑な背景を明らかにするとともに、今後の対策のあり方に示唆を得るためには、インタビュー形式による総合的な説明が適している。

本書に収録されたインタビューのほとんどは、公益社団法人経済同友会政策分析センターの事業として行われ、同友会のウェブサイトに「政策スポットライト」として掲載されたものに基づいている（各初出はⅳページ参照）。

特筆すべきは、このインタビューで民間事業者が行った数項目の提案が、実際の制度改革で実現したことである。その中には、保育士国家試験の年2回化や小規模保育所の3歳児以上の受け入れ可能化のように国家戦略特区で実現したものもあるし、在宅医療における16㎞ルールの撤廃のように、国家戦略特区のワーキンググループで検討された結果、全国措置されたものもある。[1]

これらのインタビューを行うに当たって、聞き手である八田の待機児童問題に関する根本的な認識は、次の通りである。「認可保育所を始めとして多額の公的補助を受けている保育施設の保育料を、行政は、需給均衡水準より低く設定している。待機児童とは、このために発生しているこれら施設の供給不足（超過需要）のことである。問題は、溢れた児童を入れねばならない無認可保育所は、相対的に低い補助しか受けていないため、その保育料が高価であることである」。このことを序章の第1節で説明し、インタビューで伺った各々の待機児童対策を序章の2‐2項で分類整理している。

待機児童対策が進まない理由は、経済学的な解決策が、さまざまな政治的抵抗に遭うからである。

たとえば中・高所得者に対しても、保育料を引き上げることは、自治体レベルでは政治的にきわめて難しい。実際、待機児童が発生しているにもかかわらず、保育料引き下げへの政治的圧力はすさまじい。インタビューではこれらを含めて、事業者や自治体が直面しているさまざまな壁を明らかにしている。これは、今後進めるべき改革の戦略を練る上でも重要であろう。

■謝辞

まずは、本書のインタビューや原稿執筆に協力を賜った事業者の方々、自治体の方々に深く感謝したい。次に、日本の保育制度が抱える問題を、長年にわたって指摘されてきた八代尚宏氏と鈴木亘氏にお礼申し上げたい。お二人の問題意識を共有したことが、本書に掲載されたインタビューを行う動機となった。またインタビューを事業として行った政策分析センターの設立に当たっては、経済同友会の長谷川閑史元代表幹事、元顧問の故青木昌彦氏に特段のご尽力を賜った。さらに、経済同友会事務局の岡野貞彦、菅原晶子、高橋玄（当時）、丹野恒平（当時）、松崎僚子、および政策分析センターの研究員の三木陽介（当時）、保科寛樹（当時）の各氏の協力は不可欠であった。最後に、日本評論社の小西ふき子氏および尾崎大輔氏は、貴重なコメントを数多く寄せ、本書の編集を迅速に仕切ってくださった。これらのすべての方々に、この機会を借りて深い感謝を捧げたい。

なお、本書の各章で表明されている意見は、発言者あるいは筆者自身のものであり、経済同友会の意見を反映するものではない。また各章で表明されている意見は、他の章で表明されている意見とはまったく独立であることを付言したい。

注

1　詳しくは、国家戦略特区ホームページ内の以下を参照のこと。「保育関係の規制改革事項について」（https://www.kantei.go.jp/jp/singi/tiiki/kokusentoc/pdf/hoiku_kaikaku.pdf）

初出一覧（肩書きはインタビュー当時）

・「横浜市の保育政策『横浜方式』の核心」政策スポットライト№2　ゲスト：鯉渕信也（横浜市役所こども青少年局長）
・「保育士不足問題の解決策」政策スポットライト№3　ゲスト：中村紀子（株式会社ポピンズ代表取締役ＣＥＯ）
・「民間事業者から見た保育政策の在り方」政策スポットライト№6　ゲスト：西村孝幸（社会福祉法人みんなのおうち理事長）
・「地域力が生み出す保育政策『江戸川方式』の核心」政策スポットライト№8　ゲスト：茅原光政（江戸川区子ども家庭部保育課長）、浅見英男（江戸川区子ども家庭部子育て支援課長）
・「待機児童ゼロを目指して～東京都の試み」政策スポットライト№9　鈴木亘（学習院大学経済学部経済学科教授、東京都特別顧問）

目次

本書のウェブ補論や追加情報を、日本評論社内・本書のサポートページで提供しています。

https://www.nippyo.co.jp/blogkeisemi/booksupport_guite/hatta_nursery/

序章

待機児童対策の展望

八田達夫

アジア成長研究所理事長

Tatsuo Hatta

国家戦略特区諮問会議議員、同会議ワーキンググループ座長。2013年4月〜2018年3月、経済同友会政策分析センター所長を務める。

はじめに――本書のねらいと構成

ここ十数年、女性の労働市場参加の増大に伴い、保育の需要が急速に伸びた。たとえば、全国の30～34歳の女性の労働力率は、2007～2017年の10年間に、64・0％から75・2％にまで10％ポイント以上増えた（厚生労働省雇用環境・均等局、2017）。この結果、待機児童が大幅に増え、社会問題化した。

国および各自治体はその間に懸命の努力をし、待機児童数を減らすことに成功してきた。横浜市は林文子市長のもと、2013年には待機児童数ゼロを達成した。東京都は小池百合子都知事のもと、2017年から2018年にかけて待機児童数を約4割減らした。また、大阪市も2017年から2018年にかけて吉村洋文市長のもと、待機児童数を大幅に減らした。

これらに代表されるような各自治体の待機児童対策は、どのように行われてきたのだろうか。また、これらの待機児童対策は、今後も効果を持ち続けるのだろうか。これらの疑問に答えるためには、めざましい成果を上げた自治体でどのような努力が行われたのかを、当事者たちに詳しくヒアリングする必要がある。また、国に規制改革を提案した保育事業者の声を直接聞くことも重要である。これらはすべて、将来の待機児童対策の基本的なあるべき姿を探るために、不可欠な作業である。

本書の第Ⅰ部（第1～3章）、第Ⅱ部（第4～6章）では、主として2010年以降に行われた待機児童対策の関係者へのインタビューに基づき、各々の問題意識や改革への提案、さらには先進的な施策についてまとめている。第Ⅲ部（第7、8章）ではそれらインタビューを受け、日本の保育政策について改めて議論する。第7章では、八代尚宏氏に介護政策との比較を中心に保育政策全体の問題点を指摘していただき、第8章では八田が望ましい保育政策を提示し、それに向けた現実的な改革を提案する。

本書の第1～6章で取り上げるインタビューの概要は、本章2－2項でまとめている。その前の第1節および第2節の2－1項では、待機児童問題がなぜ発生し、2010年までにどのような対策がとられてきたかを展望する。第3節は、本章のまとめである。

1　認可保育所をめぐる問題

1－1　待機児童とは、「認可保育所等」に入れない児童

■保育所の分類

2001年までは、待機児童とは、「入所・利用資格があるにもかかわらず、**認可保育所**に空席がないために入所できず、入所を待っている児童」と定義されてきた。認可保育所とは、国から手厚い補助が出ている保育所である。

その後、他にも国ではなく自治体から手厚い補助の出る保育所（これを本書では「認証保育所」と呼ぶ）や、「認定こども園」のように国から手厚い補助が出る認可保育施設もできたので、その

ことを勘案して、現在では**待機児童**とは、「入所・利用資格があるにもかかわらず、認可保育施設あるいは認証保育所に空席がないために入所できず、入所を待っている児童」のことを指している。[1] ここでは、日本の保育施設を分類して、何が「認可保育所」であり、何が「認証保育所」であるかを示すことにしよう。

表０−１　保育施設の分類

(1) 認可保育施設	認可保育所
	それ以外の認可保育サービス
(2) 無認可保育施設	認証保育所 （自治体の独自事業）
	無認可・無認証保育所

(1)　認可保育施設

日本の保育所は、大きく「認可保育施設」と「無認可保育施設（認可外保育施設）」の2つに分類される。

さらに認可保育施設は、表０−１の(1)が示すように、「認可保育所」と、「それ以外の認可保育サービス」に分かれる。[2] しかし、１９４７〜２００６年は、保育施設は認可保育所のみで構成されていたため、現在でも認可保育施設の大部分は認可保育所である。このため、以下ではまず、認可保育所が何であるかを説明する。

認可保育所とは、児童福祉法35条3項に基づき、施設の広さ、保育士数などの設置基準を満たし、都道府県知事によって認可された施設を指す。認可保育所はいずれも、国の手厚い補助を受けている。これによって、保育料は月額２〜３万円ほどに抑えられている（保護者の年収が５００万円の場合）。

認可保育所に申し込んだ児童の入所選考は、一定の基準に基づいて行政が決めている。認可保育所は、生活保護など他の福祉政策と同様に、行政がその地域の福祉を必要とする人々の数を把握し、それにあった量のサービスを提供する、という制度で、いわば「配給制度」である。したがって、認可保育所と保護者が直接入所の契約をするのではなく、保護者は自治体が指定する認可保育所に子どもを預けなければならない。

都心部では認可保育所の数が足りていないので、保護者は順番待ちで直ちに入ることができないケースが多い。入所できる人はラッキーである。

一方、認可保育所の質は設置基準によって担保はなされているが、保育料一定のもとで、自治体が入所先を配分するため、認可保育所には、保護者の要望への対応を通じた質の向上に努めて申し込みを増やそうというインセンティブが乏しい構造となっている。

(2) 無認可保育施設

認可保育施設に入所できない場合、保護者が家庭で育てるか、無認可保育施設に預けることになる。無認可保育施設は、横浜市の横浜保育室や東京都の認証保育所のような自治体の独自事業と、それ以外に分かれる。本章では、自治体の独自事業を便宜上総称して「認証保育所」と呼ぶ[3]。

横浜保育室でも東京都認証保育所でも、児童の年齢ごとに児童1人当たり保育に携わる人の数は認可保育所と同じであるが、そのうち保育士資格保有者の割合は、横浜保育室の場合には認可保育所の3分の2、認証保育所の場合には6割である。また、これら認証保育所の保育料は認可保育所より高いが、受け入れ時間帯の柔軟性や、教育内容の多様性などのメリットがある。

認証保育所の場合は、自治体からの補助が受けられるため、それ以外の無認可保育施設より保育料が安い（東京都の場合、都から手厚い補助を得ている東京都認証保育所でも、月額保育料は平均6・5万円である）。

一方、それ以外の無認可保育施設は、国からも自治体からも、基本的には財政補助を得ない施設である。認証保育所以外の無認可保育施設であるから、本章では「無認可・無認証保育所」と呼ぶ。無認可・無認証保育所に開設要件はない。基本的な補助を得ていない無認可・無認証の保育料は相対的に高い。したがって、多くの親は、できれば認可保育施設に、無理なら認証保育所にわが子を預けようとするのである。

(3)　認可保育所「等」とは

以下本書では、待機児童の定義で用いた「認可保育施設あるいは認証保育所」のことを、「認可保育所等」と呼ぶことにしよう。この用語を用いると、待機児童とは、「入所・利用資格があるにもかかわらず、**認可保育所等**に空席がないために入所できず、入所を待っている児童のこと」であると述べることができる。

■待機児童発生の原因としての保育料規制

通常、さまざまなサービス――私立学校、塾、幼稚園など――は市場で供給され、需要と供給のバランスによってサービス料金が決まるため、価格はまちまちである。したがって、サービスへの需要が大きくなって供給不足が発生すれば、価格が上がる。保育所の場合も、便利な場所にあったり、経営が優れていて雰囲気が明るく、保護者の要望に柔軟に応えてくれたりするところへの需要は高いから、保育料も高くなると考えられる。しかし、認可保育所の価格は行政が規制しているため、各保育所の判断で保育料を上げることはできない。そのため保育所の不足が発生するのである。

つまり、待機児童とは、「行政が認可保育料を需給均衡水準より低く決めているために発生している認可保育所等に対する供給不足——すなわち超過需要——のこと」である。図0－1は、認可保育所等の収容人員に対する、需要と供給を曲線で示している。縦軸には保育料が、横軸には認可保育所等の収容人数が示されている。もし保育料に規制がなく、市場で決まるとすれば、保育料はP^*である。一方、それより低い水準であるP_0で規制されていると需要量が供給量をB点とA点での量の差の分だけ上回る。これが待機児童数であり、超過需要である。超過需要が生じる結果、認可保育所等に入所できない児童（すなわち待機児童）は、無認可・無認証保育施設に入るか、家庭保育を受けるかになる。[4]

図0－1　待機児童発生の原因

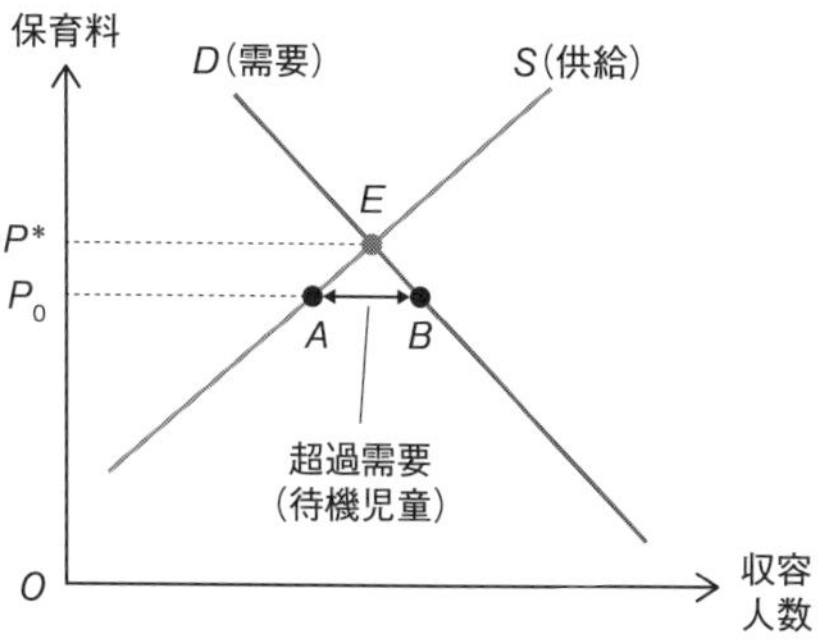

日本の認可保育所には、自治体の選考を通じて入所できることになった児童のみに規制により安く定められた保育料でサー

ビスを提供するという特色があり、選考から漏れた児童は高い保育料を支払うか、より質の低いサービスを許容せざるをえない。

しかも、両親ともフルタイムで働いている場合は認可保育所を配給する優先順位が高く、一方がパートタイムで働いている場合は優先順位が低い。これは、両親ともフルタイムで働く比較的高所得の家庭の児童が認可保育所に入れる一方、パートタイムの職にしか就けない比較的低所得の親の子が入れないという矛盾を生み出している。

1-2 認可保育所への入所は、行政処分による措置

そのような結果を招いてまで、認可保育所の料金規制が行われている理由は何だろうか。

1945年の敗戦後、日本は生活物資不足に襲われた。その中にあって、戦争で夫を失った母子家庭の労働状況はきわめて厳しく、幼児の世話のために兄弟が学校に通えないなどの問題も発生した。土田（2005）によれば、「戦後、まず保育所を開始したのは民間であった。焼け野原の中でとにかく子どもたちを集めて活動する青空保育も行われた。食糧事情の悪化するなか母子家庭の生活は厳しく、当時の保育所の記録には子どもたちの食料を確保するために保育者が奔走する姿が描かれている」（171ページ）。

この状況で、厚生省は当初「要保護児童」という考え方に基づいた施設を作ることを企図するとともに、それを実施するための児童保護を目的とした法律を作ろうとしていた。その土台となる文書を1946年4月からいくつも出している。[5] しかしこれらはあくまで、対象を「家族を失った子

ども」に限定した、児童保護という立場のものであった。これに対して、多様な団体から「保育は救貧のためだけでなく、働く婦人を支援するものとして必要だ」という要望が出された[6]。

これらの要望に応えて、政府は１９４７年に、児童「保護」法ではなく児童「福祉」法を制定し、経済状況を入所の条件としないが、多額の公費が投入される認可保育所制度を新設した。この制度では公費が投入される認可保育所への入所は行政処分による措置とされた。すなわち、その費用は政府と自治体でまかなわれる一方、申し込んだ児童のうち誰が入所でき誰ができないかは、一定の基準に基づいて行政が決める。家庭の経済状況を入所の条件とはしなかったものの、実態としては、認可保育所の多くは、主に母親が昼間労働をすることを常態とした生活困窮者の児童のための施設であった。

ただし、児童福祉法の成立時は、保育所への入所条件が明確に規定されていなかったために、保育所の利用者が急増した。この事態に財政的に耐えられないと判断した当時の厚生省は、入所基準の厳格化によって、認可保育所の新設や入所定員の増加を防ぐ政策転換を行った[7]。すなわち、１９５１年には児童福祉法39条に「保育に欠ける」という文言を入れ、１９５２年には児童福祉施設最低基準が制定され、保育所の入所基準が厳格化されることとなった。

この結果、日本の児童福祉は、⑴親が子どもの乳幼児期の養育に責任を持つ（つまり「保育に欠けない」状態）か、または⑵問題（つまり「保育に欠ける」状態）があれば行政処分という形で子どもの保護を行うかという、二分法で行われることになった[8]。

この基準によって、労働市場参画を目指す女性を白と黒とに明確に二分する制度になった。このため認可保育所に入所できた児童と、無認可保育所に入所せざるをえない児童（待機児童）とが区分され、両者の親の間で、説明しようのない大きな金銭負担の格差が保育料に関して生じたのである。

元来は、①救貧対策と、②女性の労働参画の促進という2つの目的に沿った2つの制度が作られるべきであった。にもかかわらず、1つの制度でこれら2つのまったく異なる目的を達成しようとしたのである。もともとは生活困窮家庭に対する①を目的とした手厚い保育補助と安い保育料が、そのまま中高所得層に対する②の目的にも用いられたことは、財政制約との矛盾を来した。当初から、無理のある制度設計を切り抜けるための弥縫策《びほうさく》に過ぎなかった「保育に欠ける」という概念も長くは持たず、さまざまな矛盾を生み出していった。このことが、待機児童問題の根本原因だといえよう。特に、フルタイムで比較的高所得を得て働く両親の子が優先的に認可保育所に入れる一方、母親がパートタイムの職にしか就けない比較的低所得の親の子が保育所に入れない、というような驚くべき現象をもたらしたのである。

1-3 社会福祉法人も認可保育所の担い手になった理由

戦後の混乱期にまず保育サービスを開始したのは民間の事業者（戦前から事業を行っていた寺や教会、社会事業家等による福祉施設等も含む）であった。政府は、このような民間の保育所に一定の公的補助を与えて保育サービスを拡大することで、増大する保育の需要に応え、効率的に福祉サービスを広げていく必要があった。

しかしそこには、憲法の壁が立ちはだかっていた。憲法89条に、「公の支配に属しない」教育や慈善の事業に対して公金を支出してはならないという規定があるからだ[9]。

そこで、1951年に社会福祉事業法（現在の社会福祉法）が制定され、社会福祉法人が、「公の支配」に属する民間の団体として法的に位置づけられた[10]。これにより、社会福祉団体が運営する保育所の経費への公費負担制度と固定資産税や法人税が非課税という税制面の優遇が導入されたのである（土田、2005）。同時に社会福祉法人は、保育料をはじめ各種規制を受ける。

一方、利用者は、各種規制によって、一定の質の保証がなされているという意味でのメリットも得られるが、入所が難しい、さらに入所できても夜間利用が難しいなど利用者にとって硬直的で使いづらいというデメリットも受け入れなければならない。諸規制は、事業者にサービスを改善するインセンティブを与えないだけでなく、より長期的なイノベーションも促さない。このことは、利用者にとって大きなデメリットである。

しかし、1951年に社会福祉事業法が制定されてから2000年に改正が行われるまで、実に49年間、認可保育サービスは、①自治体が直営で運営する公立保育所と、②社会福祉法人という（日本特有の）法人格を持つ民間団体に委託する私立認可保育所とが受け持つことになった。

社会福祉法人を設立するために、設立者は土地や建物を施設に寄附しなければならなかったが、それが済めば大きなキャッシュフローが入る事業体である。最近は参入規制が緩和されたとはいえ、もともとは地方で土地を持ち政治家にコネクションのある地主や寺社にとっては都合がよい制度であった。

ただし、経理に関しては外部からの監査や指導がほとんどなく、不透明である。報酬も理事長の意向で決められる。また相続ができるため、理事長は代々その一族が継承する場合が多い。配当はできないが、一族郎党にさまざまなポジションを与えたり、資材の調達先の会社の役員にしたりといった利権を生んでいる[11]。

加えて、社会福祉法人やその関連団体は、保育サービス産業へのＮＰＯや株式会社等の新規参入に否定的である[12]。

2 待機児童対策

2-1 2010年までの待機児童対策

先に指摘したように、待機児童とは「認可保育所サービスに対して行政が保育料を需給均衡水準より低く決めているために発生している超過需要のこと」と整理できる（前掲の図0-1参照）。超過需要の結果、認可保育所等の定員から溢れた児童は、無認可・無認証保育所に入所するか家庭保育を受ける。

したがって、待機児童問題対策の基本は次の3つ、すなわち、供給を増やすか、需要を減らすか、保育料を引き上げるか、である（供給を増やす場合は、前掲の図0-1で供給曲線Sを右にシフトさせ、均衡点をBにする。需要を減らす場合には、同図の需要曲線Dを左にシフトさせ、新しい均

表0－2　2000年時点における認可保育所の分類

認可保育所	公立（1948年～）	
	私立	社会福祉法人立（1951年～）
		株式会社、有限会社、NPO法人立（2000年～）

衡点をAにする。保育料を上げる場合は、保育料をP_0からP^*まで上げる）。

本書のインタビューは、主に2010年以降に行われた待機児童対策を扱っている。しかし、2000~2010年にも重要な待機児童対策が行われた。本項ではまず、それらを整理しておこう。

この間に行われた待機児童対策は、主として供給を増やす対策であった。まず、2000年に認可保育所運営への株式会社等の参入が自由化された（表0－2）。先述の通り、認可保育所は、1951年に社会福祉法人による事業が認められたが、実に49年ぶりとなる2000年に、株式会社の参入が認められた。社会福祉法人の団体が生んだ、「認可保育所以外は、正当な保育施設ではない」という既得権擁護の教条を克服するのにこれだけの年月がかかったのである。しかし、この自由化は認可保育所の定員を増やすのに大きな効果を発揮した。

なお質の面では、株式会社立の認可保育所の中には公立や社会福祉法人立を凌ぐ評価を得ているところもいくつか存在する。たとえば、認可・認証保育所のみを対象とした「保育園まるごとランキング」[13]の「保護者の評判が高い保育園ランキング」によれば、2019年2月時点で板橋区の認可保育所ランキングでは株式会社立が第1位であり、社会福祉法人立や公立を上回っている[14]（表0－3）。他の区でも同様の傾向が見られる。その1つの理由は、実は社会福祉法人が「1法人1施設」の小規模経営が原則であるのに対して、株式会社は多くの施設を持

表０－３　保護者の評判が高い保育園ランキング（東京都板橋区、2019年度）

順位	保育所名	認可・無認可	運営主体	認可内ランク	認証内ランク
1	ひまわりベビールーム小竹向原	認可	株式会社	1	
2	中板橋雲母保育園	認証	株式会社		1
3	ソラストとき７台	認証	株式会社		2
4	ほっぺるランド板橋本町	認証	株式会社		3
5	マハナヤ第二保育園	認可	社会福祉法人	2	
6	板橋区立仲宿保育園	認可	板橋区	3	
7	たつの子保育園	認可	社会福祉法人	4	
8	サクラ・ナーサリー成増	認証	株式会社		4
9	キッズガーデン城山	認可	社会福祉法人	5	
10	まるやま保育園	認証	学校法人		5

出所）保育園まるごとランキング「板橋区の保育園を探すなら『保護者の評判が高い保育園ランキング（平成31年度）』（2019年２月27日アクセス：https://hoikuen-ranking.com/for-parent/itabashiku-hoikuen-ranking/）より筆者作成。

表０－４　2001年時点における保育施設の分類

認可保育所	公立（1948年～）	
	私立	社会福祉法人（1951年～）
		株式会社・有限会社・NPO法人（2000年～）
無認可保育施設	自治体の独自事業（横浜保育室〔1997年～〕、東京都認証保育所〔2001年～〕など）	
	それ以外の施設	

ってチェーン展開しているため、緊急時に保育士の社内融通ができたり、食料や備品などを大量に注文できたりと、「規模の経済」の利益を得られる点にもあると考えられる。

さらに、前述の認証保育所の導入も供給増をもたらした。1997年に創設された横浜市の「横浜保育室」や、2001年に創設された東京都の「東京都認証保育所」は、その例である（表0－4）。すでに述べたように、これらの認可保育所より保育士要件などが大幅に緩和されているけれども質の高い無認可保育施設を供給することによって、異常に高い費用がかかっている認可保育サービスを代替することができる。[15]

多くの東京都認証保育所は、認可保育所より高い評価を得ている。たとえば板橋区では認証保育所の上位3保育所は、どの公立や社会福祉法人立の認可保育所よりもランクが高い（表0－3）。

さらに、このランキングで高いスコアを得ている認証保育所は、国費が投じられている額が認可保育所より少ないにもかかわらず、東京都の保育所外部評価を見ても高い評価を得ているところが多い。[16]無認可保育施設は、利用者と直接契約でき、保育料もある程度自主的に決めることができるため、競争が生まれた結果、質の向上がもたらされていると考えられる。これが、認証保育所が高い評価を得ている究極の理由であると考えられる。

2－2　本書で取り上げる改革

ここまで、2010年頃までに行われた待機児童対策を例として、待機児童対策の基本的メカニズムを概説してきた。本書は、民間事業者へのインタビューを収めた第Ⅰ部、自治体へのインタビューを収めた第Ⅱ部、さらに、今後の保育政策のあり方を論ずる第Ⅲ部で構成されているが、以下本項では、本書第Ⅰ、Ⅱ部の各章で取り上げるインタビューの概要を紹介しつつ、2010年以降激しく変化し続けている待機児童対策を概観しよう。

■第Ⅰ部「事業者による改革の提案」

第Ⅰ部では、株式会社、ＮＰＯ法人および、社会福祉法人のそれぞれの現場感覚から見た、現行制度の問題に対する解決策の提案をいただいた。本書に収録されたインタビューで述べられた提案の多くが、現実の政策として実現されるに至っている。以下では、第Ⅰ部の各章のハイライトを紹介しよう（以下の所属・肩書きは、いずれもインタビュー当時[17]）。

第1章　保育士不足問題の解決策……中村紀子（株式会社ポピンズ代表取締役ＣＥＯ）

第2章　現場のニーズに対応した保育改革の必要性……駒崎弘樹（認定ＮＰＯ法人フローレンス代表理事）

第3章　民間事業者から見た保育政策のあり方……西村孝幸（社会福祉法人みんなのおうち理事長、墨田区議会議員）

(1)　認可保育所の供給増加

株式会社の観点から、現・株式会社ポピンズホールディングス代表取締役会長の中村紀子氏が、保育サービス増強の方策として、**保育士国家試験の年2回化の必要性**を説いている（第1章）。保育サービスの供給が制限されている要因の1つは保育士が不足していることであるから、保育士の供給を増やすことを通じて保育サービス供給を増やす改革である。

保育士資格を得る方法は、①保育士養成校で2年間学び卒業するか、あるいは②保育士国家試験に合格するかである。現代の保育士には、保護者への対応能力や事務能力、企画能力なども求められている。保育事業者にとっては、社員や他業種から転職を希望する人の中で、これらの能力に秀でた人が保育士国家試験に合格すると、確実に戦力になる保育士となる。しかし国家試験はきわめて難しく、従来は1年に1度の試験だったから、落ちてしまうと次の試験までにまるまる1年間、保育士以外の職で待機させなければならなかった。

このため、年2回化の要望は切実なものであった。[18] しかし、その要望は長年かなえられなかった。その理由の1つは、保育士国家試験を作成する主体が、保育士養成校によって構成される一般社団法人全国保育士養成協議会であったためである。国家試験受験者数が増えれば保育士養成校の志願者数は減るのだから、明白な利益相反がある。多くの保育事業者が指摘するように、[19] 国家試験の内容に必要以上に細かく難しい質問が多いことも、この観点からは矛盾なく説明できる。

中村氏と認定ＮＰＯ法人フローレンス代表理事の駒崎弘樹氏は、保育士試験の年2回化を国家戦略特区ワーキンググループでも提案した。試験2回化はその後、２０１５年7月に成立した国家戦略特区法によって、国家戦略特区特例措置として実現された。具体的には、従来行われていた年1回の全国共通の保育士国家試験に加えて、特区ではさらに回数を重ねて国家試験ができることになったのである。ただし全国から特区に受験者が集中することを避けるため、合格者は、3年間は当該都道府県のみで「地域限定保育士」として働くことができ、4年目以降は全国で保育士として働くことができる資格が新設された。２０１６年には、保育士国家試験が年2回化され、全国で保育士試験の合格者数は、前年より約７７００人増えた。

さらに、必要以上に難しい保育士国家試験の内容を、実際に必要とされる事項に絞って合格率を引き上げることによっても、保育士の供給を増大できる。中村氏および駒崎氏は、**試験問題の合理化**も提起した。この提案を受けて、2017年6月に、試験の実施において株式会社を含む多様な法人を活用することが国家戦略特区で可能になった。神奈川県が新たな方式での試験問題を導入したことで、この改革への道筋が開かれたのである。

社会福祉法人みんなのおうち理事長の西村孝幸氏は、保育士養成校での座学を1年にし、現場での実習を教育課程の重要な要素として位置づけることを提案している。この提案の重要な部分は、国家戦略特区における大阪市の提案に組み入れられ、結果的に2019年4月の厚生労働省の国家戦略特区に対する通達によって、「地方裁量型認可化移行施設の設置」という名称で、無認可施設における保育士資格保有者以外の支援員の雇用に対する補助金が創設された。

駒崎氏は、認可保育サービスを増加させる方策として次の改革を提案した。それまで60名以上が収容可能な施設しか許されていなかった認可保育所は、用地不足のため供給が抑制されていた。駒崎氏はこの点に着目し、20名以下でも開設できる**小規模保育**を、0～2歳児を対象とした認可保育施設として制度化することを提案した。2015年には子ども・子育て支援新制度によって、小規模保育が地域型保育事業の一環として制度化された。この経緯は、本書第2章で詳しく説明する。なおこのときの改革により、認可保育施設は認可保育所以外にも、表0-5に示した多様な形態が含まれることになった。

当初、小規模保育を2歳児までを対象として設立したのは、3歳児以上の待機児童問題が深刻でなかったためである。しかし駒崎氏は、実際に開設してみて、3歳児になってから他の保育施設に

表0－5　2016年時点における保育施設の分類

認可保育施設	認可保育所	公立	
		私立	社会福祉法人（1951年～） 株式会社（2000年～）
	認定こども園（2006年～）		
	地域型保育 （子ども･子育て支援新制度）	〈5人まで〉家庭的保育（2015年～） 〈6～19人〉小規模保育（2015年～） 事業所内保育（2015年～） 居宅訪問型保育（2015年～）	
無認可保育施設	自治体の独自事業（東京都認証保育所〔2001年～〕など） 企業主導型保育（2016年～） それ以外の施設		

移ることが困難な場合が多いことを経験し、小規模保育所で保育可能な年齢を、5歳児までとすることを提案した。この改革は国家戦略特区で2017年に実現された。

駒崎氏はさらに、小規模保育所にまで、大人数の保育所と同じように身体障害者用のトイレ設置が義務づけられていることが実際には供給を抑制していることを指摘し、2016年には小規模認可保育所に対するバリアフリー条例の適合免除を明確化する通達が全国を対象になされた。これによって小規模認可保育所の供給が促進された[20]。

(2) 認可保育施設への需要削減

西村孝幸氏は、待機児童対策として認可保育施設への需要削減の方策を提案している（第3章）。認可保育施設における**0歳児の枠を減らす提案**は、特に重要である。現在は、原則として0歳児の母親は子どもが1歳に達するまで育児休業をとれる。しかし、1歳になってから保育所に入れようと考えても、保育所は0歳から入っている子どもで埋まっており、空きがない。この状況では、1歳からの枠を確保するには、

0歳から入所させる必要がある。このため、0歳時点では育児休業で対応したくても、それを諦めて職場に復帰する現象が起きている。

しかし認可保育施設の0歳児の枠を減らせば、そのぶん保育所全体に余裕ができるため、1歳からの入所に十分な枠を確保できる。このため、0歳のときは家庭保育、1歳になったら復職を希望する親にとっても、希望に合わせた選択が可能となる。この提案は、江戸川区で従来より取り入れられてきた方策（第5章参照）を一般化することの重要性を説くものである。さらにこの提案は、第6章で見るように、小池都政の待機児童対策として東京都全体で採用され、順次実施されつつある。

■第Ⅱ部「自治体による解決の取り組み」

第Ⅱ部では、待機児童対策に顕著な成果を上げてきた多くの自治体の代表選手として次の自治体の当局者にお話を伺った（以下の所属・肩書きは、いずれもインタビュー当時）。

第4章　横浜市の保育政策「横浜方式」の核心……鯉渕信也（横浜市こども青少年局長）・金高隆一（横浜市子ども青少年局子育て支援部保育対策等担当部長）

第5章　地域力が生み出す江戸川区の保育政策……茅原光政（江戸川区子ども家庭部保育課長）・浅見英男（江戸川区子ども家庭部子育て支援課長）

第6章　待機児童ゼロを目指す東京都の試み……鈴木亘（学習院大学経済学部教授、東京都政改

革本部特別顧問）

本書で取り上げる自治体は、次の点で特色がある。冒頭でも述べたように、横浜市は林市長のリーダーシップのもとで、２０１３年に待機児童ゼロを実現した。江戸川区は、認可保育施設で原則的に０歳児を入れないことにして１歳児以上への保育サービス供給を高めた。さらに東京都は、小池知事のリーダーシップのもとで待機児童を実質的に半減させた。なお本書には収録していないが、杉並区は実質的なバウチャー[21]である「子育て応援券」を導入するなど、注目すべき取り組みを行ってきた（渡邊・八田、２０１７）。以下では、第Ⅱ部の各章のハイライトを紹介しよう。

(1) 認可保育所等の供給増加

まず、本書のインタビューに協力いただいた自治体は、認可保育所等の**供給を増やす**ためにあらゆる努力をしている。

・横浜市は、従来の公立保育所を縮小し、公費負担が低い民間保育所に大々的な転換を行った。これによって認可保育所等の収容人数を大幅に増やした（第４章）。

・江戸川区では２００７年から区立保育所の民営化を進めてきた。特に民営化の過程で子どもたちにストレスがかからないように工夫している（第５章）。たとえばノウハウの伝達がスムーズに進むよう、ある時点では新旧の保育士がともに働き、職員数が倍になるような工夫もしている。

・横浜市および東京都は、市や都の土地を保育所に提供して、数多くの民間保育所の建設を可能にした（第4、6章）。

・東京都では、東京都認証保育所に都から補助をすることで大幅な保育士の賃金アップを行った。保育の運営主体の面では、東京都認証保育所への補助金も大幅に増額した（第6章）。

本書で取り上げた横浜市、江戸川区などが行った供給増大政策はどれも、小池都政における待機児童対策の先駆けになっている（第6章）。

(2) 認可保育施設への需要の削減

一方、各自治体は、無認可保育施設の魅力を高めて認可保育施設への需要を削減する方策も採用してきた。

・横浜市では、必ずしもフルタイムの保育サービスがいらない子どもに対して、代替的な保育サービスを行政が用意し、そこにガイドする「保育コンシェルジュ」を作り、認可保育施設への需要抑制を図った（第4章）。

・江戸川区では、0歳児に関しては家庭で保育することが一番望ましいという考えのもと、区立保育所での0歳児保育を行っていない。その代わりとして、0歳児保育のニーズに応えるために1969年から「保育ママ制度」を実施して、「乳児養育手当」を支給している（第5章）。東京都でも、0歳児対策は強力にとられた。まず、0歳児のための保育ママへの予算を増やした。また、認可保育所の0歳児定員を減らし、1歳児定員に振り替えるための補助および誘導策を実施している。さらに、1歳まで育休をとっても認可保育所には入れない場合には、入れるようになるまで補助を出し続けて、月額32万円のベビーシッター代のうち28万円を都や区が負担することにした（第6章）。

・杉並区は、2007年からベビーホテルなどさまざまな保育サービスに利用できる「子育て応援券」を発行しており、ニーズの高い保育サービスの使い勝手をよくしている（渡邊・八田、2017）。これはバウチャー的発想に基づいて、補助制度の改善することによって、無認可保育施設を支援する機能も果たしているので、認可保育施設への需要抑制策である。東京都は、無認可保育施設利用者に認可保育所との差額補填を行うため直接補助をした（第6章）。これもバウチャー制度の実質的な導入である。

(3) 認可保育料金の引き上げ

最後の、そして最も基本的な待機児童対策は、行政が認可保育施設の**保育料を引き上げ**て、需要量を減らし、供給量を増やすことである。

認可保育施設の保育料引き上げの1つめの効果は、便利で質のよい無認可保育施設への保育需要のシフトである。[22] 2つめの効果は、保育士賃金の引き上げを通じた保育士の職場復帰促進である。現状では、出産のために一度職場を離れた保育士資格保有者の多くが、賃金が低いために保育士以外の仕事に就いたり専業主婦になったりしている。[23] 保育料が引き上げられれば、保育士の賃金も上

表0－6　待機児童対策小史

1947年	行政措置としての保育
1969年	江戸川区が０歳児保育を開始：保育ママ制度、乳児養育手当
1997年	横浜市が「横浜保育室」制度を創設
2000年	株式会社等による認可保育所経営可能に
2001年	東京都が「認証保育所」制度を創設
2006年	「認定こども園」の設置を開始
2007年	杉並区がバウチャー「子育て応援券」を導入
2009年	横浜市が待機児童対策を開始
2012年	子ども・子育て関連３法の成立、「子ども・子育て支援新制度*」
2015年	小規模認可保育事業等が開始
2016年	国家戦略特区における保育士国家試験の２回化
	東京都が待機児童撲滅政策を開始
	小規模認可保育所に対するバリアフリー条例の適合免除の明確化
2017年	国家戦略特区内の小規模保育所で、３歳児以上の保育認定児童の受け入れが可能に

注）＊は2015年施行の「子ども・子育て支援法」「認定こども園法の一部改正」「子ども・子育て支援法及び認定こども園法の一部改正法の施行に伴う関係法律の整備等に関する法律」（子ども・子育て関連３法）に基づく制度として位置づけられている。

がり、保育士の市場への供給量そのものが増える。これは、認可保育施設のサービス供給量増加につながる（ただし引き上げに際して、低所得者への特別な配慮は当然必要である）。

東京都では、住民に保育料引き上げの必要性を納得してもらうために、周辺自治体の保育料もわかるよう、情報公開を大きく進めてきた。

最後に、ここまで展望してきた待機児童対策を、表０－６に示した年表で振り返っておこう。

3　まとめ

待機児童の問題を解消するための3つの対策として、「認可保育所等の供給増加」「認可保育施設への需要の削減」「認可保育所料金の引き上げ」という方法について議論してきた。

ただし、第3の保育料を引き上げるという最も基本的な手段を用いた例はきわめて少なく、東京都が区に対して引き上げのインセンティブを高める措置をとったのみである。

第1の認可保育所等の供給を増やす手段としては、さまざまな措置が講じられてきた。大きく分けて、以下の3つのタイプがある。

1つめのタイプは、保育士の数を増やすことである。認可保育所等は一定の数の保育士を確保しなければならないため、保育士不足が認可保育所等の供給制約になっているので、保育士数を増やすことは認可保育所等を増やす有効な手段である。保育士を増やす方法として、国家試験の年2回化、あるいは試験問題の質の改善が行われた。これらは、いずれも国家戦略特区で行われた改革である。

2つめのタイプは、自治体が認可保育所等を増やしたものである。その際、費用の高い公立の保育所を民間の保育所に切り替えた例が、横浜市、東京都などで顕著である。

3つめのタイプは、東京都認証保育所、横浜保育室、杉並区保育室のような自治体独自事業の無認可保育所施設への補助を増やして、認可保育施設の代替施設を用意することである。これらは有効な待機児童対策だったといえるだろう。

第2の対策として述べた、認可保育施設への需要を削減するという試みも行われてきた。これも、認可保育施設への代替手段を用意したものである。注目すべきは、伝統的に江戸川区で採用してきた原則0歳児へは認可保育所のサービスを適用しない取り組みと、それに伴う0歳児保育への直接的支援である。これは家庭保育を奨励するとともに保育の社会的費用を大幅に削減する有効な手段である。この重要性を、東京都も、また西村孝幸氏も強く認識している。さらに、杉並区の「子育て応援券」（バウチャー）は幅広い代替手段への転換を可能にしたと考えられる。

小池都政は、横浜市や江戸川区などでそれぞれ独立に開発された認可保育施設の代替施設の充実などの施策を貪欲に取り入れ、待機児童削減に成果を上げつつあるといえよう。

＊＊＊

さて、この序章では、本書第Ⅰ、Ⅱ部の各章に収められたインタビューを待機児童削減策の観点からまとめた。しかし、これから各章をお読みいただければわかるように、これらのインタビューには、現在までの保育状況に関する現場からの生々しい観察が数多く見られる。保育に関心のあるすべての方々に、ぜひ熟読して味わっていただければと思う。[24]

注

1　正確には、待機児童とは、①自治体に認可保育（認可保育所の他、小規模保育、保育ママ、認定こども園等を含む）の申し込みを行い、選考に落ちてしまった子どもの数のうち、②自治体の独自事業の無認可保育施設（東京都認証保育所など）に入ったり、③（求職中に認可保育の申し込みをしたが）もはや入園を諦めて求職活動を中止し、家で育てている子どもの数を除いたもの、と定義される（①から②と③を差し引いた数）。

2　詳しくは、「保育所等利用待機児童数調査について」（平成29年３月31日付け雇児保発０３３１第６号厚生労働省雇用均等・児童家庭局保育課長通知）を参照。また、２０１７年定義変更の経緯等は、厚生労働省「保育所等利用待機児童数調査に関する検討のとりまとめ」（https://www.mhlw.go.jp/file/05-Shingikai-11901000-Koyoukintoujidoukateikyoku-Soumuka/0000159936.pdf）を参照。

3　後者には、小規模保育、保育ママ、認定こども園等が含まれる。詳細は本章２－２項の表０－５を参照。

4　ただし、何を自治体の独自事業と呼ぶかは、各自治体に任されているので、客観基準があるわけではない。ただし超過需要の中には、「潜在的待機児童」と呼ばれるように、統計上カウントされない待機児童が存在していることにも注意しなければならない。認可保育所に入所できる可能性が低い地区では、面倒な応募手続きを避けるため、親が最初から認可保育所に申し込まない場合がある。さらに諸般の事情から、親が無認可保育所や家庭保育の方をむしろ選択する場合もある。そのような理由で親が認可保育所に申し込まずに認可保育所に入所していない児童は、待機児童とはカウントされない。

5　矢野（２０１６、20-21ページ）。

6　矢野（２０１６、20-22ページ）によれば、羽仁説子を会長とし、戦前期からの民間保育関係者で構成されていた民主保育連盟は、その要望書（１９４７年７月23日提出）の中で次のように述べている。

「生産の担ひ手として国家再興のため働くべき勤労婦人の生活保証の一条件として保育問題を考へる時、生活保護的、救貧的施策によつては根本的に之を解決することは出来ないし、又誤つてゐると云はねばならない。国が婦人の立場と特質を理解し尊重するならば（中略）、婦人の解放の立場からも乳幼児の完全な養護のためにも（中略）新しい積極的な意図をもって『母性並に乳幼児福祉法』を問題に上せることを要望する。」（引用は児童福祉法研究会（1978、747ページ：傍点強調は筆者）

7 矢野（2016、37ページ）、および厚生省児童局（1959、第3章）。

8 矢野（2016、27ページ）。

9 憲法89条「公金その他の公の財産は、宗教上の組織若しくは団体の使用、便益若しくは維持のため、又は公の支配に属しない慈善、教育若しくは博愛の事業に対し、これを支出し、又はその利用に供してはならない。」

10 憲法89条の「公の支配」に属するとは、「宗教上の用途と会計分離を公が義務づけている」と解釈するのが自然である。しかし政府は、「社会福祉法人や学校法人などの法人」という解釈を与えたのである。すなわち、天下りが可能な法人が公の支配に属するのだとしたわけである。

11 たとえば、大村（2017）参照。

12 詳しくは、ウェブ補論2「政治的な抵抗」を参照（日本評論社ホームページ内の本書サポートページ：https://www.nippyo.co.jp/blogkeisemi/hatta_nursery/）。

13 「保育園まるごとランキング」ホームページ（https://hoikuen-ranking.com/）。

14 同サイトは、東京都が発表している「東京都福祉サービス第三者評価」のデータをもとに、「サービス力（350点満点）」「安心・快適性（350点満点）」「要望への対応力（200点満点）」「組織運営力（100点満点）」をそれぞれ点数化し、ランキングを作成している。ランキングの対象は「東京都の認可保育所・認証保育所で、東京都福祉サービス第三者評価の評価（平成27-29年度の新しい評価、2018年9月時点で発表済みのもの）を受けており、利用者調査の利用者総数が18人以上、有効回答数が18人以上あるもの」である。この基準では約7割の認可・認証保育所がカバーされている（２０１９年２月７日アクセス：https://hoikuen-ranking.com/about/）。

15 板橋区の例では、認可保育所の児童1人当たり経費（公立、私立を合わせたもの）は、０歳児は42万円、１、２歳児では約20万円かかっている。板橋区私立保育園園長会ウェブサイトの「15．保育料―ほいくガイド平成31年度」を参照（http://hoiku.net/hoiku_guide2019/hoiku_guide_15）。

16 「東京都福祉サービス第三者評価」を参照（２０１９年２月29日アクセス：http://www.fukunavi.or.jp/fukunavi/hyoka/hyokatop.htm）。

17 駒崎氏には２０１５年にもインタビューを行ったが（駒崎・八田、２０１５）、氏はその後も多くの改革提案を行い、それを実現してきた。そのため、本書の第２章として、その後の提案で制度化されたもの、および１回目のインタビュー以前に実現されたものを含め、これまでの改革提案の全体像について改めてインタビューしたものを収録した。

18 本書第２章の駒崎氏のインタビューも参照。同氏は２０１５年に行ったインタビューでも、試験年２回化の重要性を説いていた（駒崎・八田、２０１５）。

19 本書第１～３章の中村氏、駒崎氏、西村氏のインタビューを参照。

20 東京都「高齢者、障害者等が利用しやすい建築物の整備に関する条例第14条の適用に係る基本的な考え方について」（http://www.toshiseibi.metro.tokyo.jp/bunyabetsu/machizukuri/bfree/pdf/bfree_kangaekata_01.pdf）。

21 バウチャーとは、個人が政府から受け取る「保育サービス」というように、使途が限定された補助金のことである（詳しくは、第８章３‐１項を参照）。

22 このシフト自体は、直接は待機児童数自体を減らさない。しかし、①こうした無認可保育施設の定員の空きが埋まったり、年度途中に認可保育所に移動したりすることがないので稼働率が上がる、②無認可保育施設の採算性が上がるので、フットワークよく供給量を増やすことができる。たとえば、保育需要が便利で質のよい無認可保育施設へシフトする。このような間接的効果を通じて待機児童数を減少させる効果がある。

23 東京都福祉保健局（2014、77ページ）を参照。この報告書では、過去に保育士の就業経験がある者に退職理由をアンケート調査し、2871人から回答を得ている。その結果、退職理由としては「妊娠・出産（25・7％）」「給料が安い（25・5％）」「職場の人間関係（20・6％）」がトップ3となっている。

24 本書の各章に収録されているインタビューからも明らかなように、ここで提案された国家試験の2回化や小規模認可保育の年齢拡大などは、国家戦略特区で実現されている。さらに都市公園における保育所建設の規制緩和など、国家戦略特区で実現された後全国展開されたものも多い。そこで、これまでの改革展開を、国家戦略特区ウェブサイト（https://www.kantei.go.jp/jp/singi/tiiki/kokusentoc/）に基づいて筆者がまとめた一覧表「保育関係の規制改革事項について」を、同サイト内にアップしたので、本書とあわせて参照されたい（https://www.kantei.go.jp/jp/singi/tiiki/kokusentoc/pdf/hoiku_kaikaku.pdf）。なお、国家戦略特区の機能については、八田（2016）等を参照してほしい。

参考文献

大村大次郎（2017）「待機児童の裏に隠された、『巨大な保育利権』の深い闇」大村大次郎の本音で役に立つ税金情報、2017年3月21日。

奥平寛子（2016）「フィールド・アイ　英国から①　ロンドンの保育事情」『日本労働研究雑誌』672、87-

88ページ。

加藤静・宮本康子・山下祐依（２００９）「明治から昭和初期における保育と現代の保育」『中村学園大学短期大学部「幼花」論文集』1、24-36ページ。

亀﨑美沙子（２０１１）「戦後の保育所における保育内容――保育所保育指針発行以前に着目して」『東京家政大学博物館紀要』16、27-43ページ。

北場勉（２００５）『戦後「措置制度」の成立と変容』法律文化社。

経済同友会政策分析センター（２０１４-２０１８）「政策スポットライトNo.１～９」。

厚生労働省（２０１５）「第１回保育士養成課程等検討会　資料４」平成27年6月5日。

厚生労働省（２０１７）「保育士試験の実施状況（平成29年度）」。

厚生省児童局編（１９５９）『児童福祉十年の歩み』財団法人日本児童問題調査会。

厚生労働省雇用環境・均等局（２０１７）「平成29年版　働く女性の実情」。

駒崎弘樹・八田達夫（２０１５）「子ども・子育て支援新制度における新しい保育の在り方」経済同友会政策分析センター「政策スポットライトNo.５」。

児童福祉法研究会編（１９７８）『児童福祉法成立資料集成　上巻』ドメス出版。

社会福祉法人陽光福祉会（２０１５）「保育制度の歴史」（同会ホームページ）。

鈴木亘（２０１８）『経済学者、待機児童ゼロに挑む』新潮社。

土田美恵子（２００５）「保育所機能の歴史的変遷と子育て支援保育」『京都光華女子大学研究紀要』43、１６１-１７９ページ。

東京都福祉保健局（２０１４）「東京都保育士実態調査報告書」。

内閣府（２００１）「バウチャーについて――その概念と諸外国の経験」『政策効果分析レポート№８』２００１年７月６日。

内閣府（２００３）「保育サービス市場の現状と課題――『保育サービス価格に関する研究会』報告書」２００３年３月28日。

野坂勉（２０１１）「児童福祉施設としての保育所の最低基準――二重基準化の進行」『帯広大谷短期大学紀要開学50周年記念号』48、33-40ページ。

八田達夫（２０１６）「農業の岩盤規制に風穴をあける」21世紀政策研究所編『２０２５年　日本の農業ビジネス』第５章、講談社現代新書。

矢野雅子（２０１６）「戦後日本の保育所制度の変遷――児童福祉法１９９７年改正までの軌跡を中心に」明治大学大学院政治経済学研究科２０１５年度博士学位請求論文。

渡邊秀則・八田達夫（２０１７）「待機児童解消に向けた杉並区の取り組み」経済同友会政策分析センター「政策スポットライト№７」。

Viitanen, Tarja K. (2011) "Child Care Voucher and Labour Market Behaviour: Experimental Evidence from Finland," *Applied Economics*, 43 (23), pp.3203-3212.

第I部
事業者による改革の提案

インタビュー

聞き手：八田達夫

●第１章扉
［写真提供］株式会社ポピンズホールディングス
●第３章扉
［写真提供］西村孝幸

第1章 保育士不足問題の解決策

◎ゲスト

中村紀子

株式会社ポピンズ代表取締役CEO（インタビュー当時）
株式会社ポピンズホールディングス代表取締役会長（現職）

Noriko Nakamura

株式会社テレビ朝日にアナウンサーとして入社、その後、フリーアナウンサーとして活躍。1987年、ジャフィ・サービス株式会社（のちに株式会社ポピンズ）を起業し、代表取締役CEOに就任。2019年1月1日より、株式会社ポピンズホールディングス代表取締役会長（現職）を務める。

インタビュー収録日：2014年9月9日

安倍政権は5年で40万人分の保育の受け皿を確保する待機児童解消加速化プランを打ち出し、2017年度末までに待機児童の解消を目指すとしている。[1] しかしながら現状でも保育士不足が深刻化しつつあり、このボトルネックを解消しなければ待機児童の解消は困難である。そこで本章では、保育所等を営む株式会社ポピンズの中村紀子CEO（肩書はインタビュー当時）に、保育士不足の実態とその解消策などについてお話を伺った。

1　保育士不足の実態

八田　本日は保育士不足への対策について、お話を伺いたいと思います。厚生労働省は、保育士はそもそも不足していないと言っていますが、実感はいかがでしょうか。

中村　大変不足しています。私たちは、社会人として保育士試験に合格した人を年間100～150名中途採用しています。それから、新卒で毎年220～230名を採用しており、合計で350名ほどです。それでも需要に追い付かず、今日現在（2014年）、ポピンズだけで100名以上足りていません。0～2歳の部屋には空きがあるのですが、保育士がいないので、お子さまを受け入れられないのです（2019年3月現在においても、同様の状況が続いている）。

八田　保育士が絶対的に不足しているわけですね。

中村　しかもこの保育士不足は、保育士が病気になった場合などに特に大きな問題となります。ポピンズで運営する認可保育所[2]でもギリギリの人数の保育士で対応しているので、保育士が病気等で欠勤する際には代わりを入れないとコンプライアンス違反になってしまいます。

その場合、ポピンズでは認可外の認証保育所[3]から保育士を回します。認可保育所は保育従事者の10割が保育士である必要がありますが、認証保育所は６割でよいので、残りの４割は私たちが自由に人を選べます。そこで、認証保育所の保育士をやむなく認可保育所に回すのです。

その結果、認証保育所の保育士が足りなくなるため、施設としては保育士さえいれば待機児童１５０名強を追加で受け入れられるのに、受け入れられないということが現実に起こっています（なお２０１９年３月現在では、保育士さえいれば待機児童２００名強を追加で受け入れられる状況となっている）。

八田　保育士不足の深刻さがよくわかりました。しかしポピンズでは、保育所の数も増やしていると聞いています。

中村　増やしています。各自治体から株式会社も対象にした認可保育所設置の募集が来るのです。そうすると、やはり私たちも働く女性の応援をしなければということで、手を挙げて、そして認められます。大体４月の開設を求められるのですが、２０１４年の４月にポピンズだけで全国に10カ所オープンしました。２０１４年度中だと21カ所になります（２０１９年４月時点で学童を含め全国３０１カ所運営している。新規開設は、２０１５年度に13カ所、２０１６年度に11カ所、２０１７年度に27カ所、２０１８年度に27カ所）。

八田　このことは、ポピンズのサービスの質の高さを示すとともに、全国的な保育サービスへの需要増も反映している、言い換えれば、それだけ保育士不足が深刻化し続けているわけですね。

中村　そうです。安倍総理は２０１７年までに40万人分の保育所を作るとおっしゃっていますが、そのためには保育士が７万４０００人追加的に不足します（保育所整備の現状は、本章の注１に示した通り）。また45万人分の受け皿を整備するためには約８万人の保育士が必要だと見込まれる。なお、保育士勤務者数は２０１５年41・２万人、２０１６年43・９万人、２０１７年46・４万人[4]）。つまり、１年当たり約２万人の保育士が必要となるのに、新卒の保育士は毎年１万数千人程度しか出てきません。そうすると、社会人から採用しなくてはなりません。国はその対策がまったくできておらず、掛け声ばかりです。

2　保育士比率要件緩和の必要性

八田　保育士不足を軽減するためには、認可保育所の保育士要件を現行の10割から下げることも有効です。どこまで下げられるとお考えですか。

中村　実際に認証保育所が保育士比率６割で運営しており、これで十分動いています。東京都は６割で認可保育所として認めるべきと主張しており、それが国と戦っている一番のポイントです。国は認可保育所の質を担保するために、保育士比率10割が必要だと主張していますが、東京都は、保育士以外の従業員である４割には、顧客のニーズに合った多様な人材、たとえば英語、音楽、スポーツ等ができる人を入れられるので、この方が望ましいと主張しています。

私たちは、10割を主張する人たちに対して、保育士は５割でよいのではないかと主張しています。

特に私たちが主張しているのは、3歳児以上には保育士の資格よりも、いわゆる幼稚園教諭や小学校教諭の資格がよいのではないか、ということです。特に5、6歳という小学校に移行する年齢の児童には、小学校教諭の資格の方が望ましいと考えています（2016年には、「保育所における保育士配置の特例」が施行され、幼稚園教諭、小学校教諭、養護教諭を、保育士に代えて活用可能となった）[5]。

八田　教諭たちは、保育士資格保有者以外の5割の方に入れるのですね。

中村　そうです。厚生労働省は、保育士比率を下げると質が落ちると主張しています。しかし、この改革によってさらに質を改善することも可能だと考えています。そのために、保育士以外の5割には、外国人の有資格者や、幼児教育の専門家の配置を可能にしてほしいと私たちは主張しています。幼児教育専門家とは、幼稚園教諭の他、子育て経験者、体操、音楽、美術、英語、幼児教育、発達心理学、児童心理学などの大学院を卒業した人たちのことです。それから、グローバル化を見据えて、海外で幼児教育の資格を取得した日本人や外国人を入れることによって、もっと質が上がると思います。

八田　3歳児以上だと、保育士以外の人が入った方が多様性が増して、かえってよくなりますね。

中村　厚生労働省自体も幼保一体化とあれだけ言ってきたのだから、3歳児以上であれば保育士100%規制を緩和してもいいのではないかと思います。

3　養成校卒業生 vs. 試験合格者

■試験合格者は養成校卒業者と比べて遜色ない

八田　保育士になるには、①養成校で2年間勉強することによって自動的に保育士資格を得る方法と、②養成校に行かずに、1年に1回行われる国家試験に合格する方法とがあります。それぞれ増やすべきだと思うのですが（2016年から、保育士試験は年2回実施されている。詳しくは第2章を参照）、実際のご経験上、試験合格者と養成校卒業者で違いはありますか。

中村　社会人で試験に合格した人のよいポイントは、まず社会経験があり、ビジネス、仕事ということに対する責任感が一定程度あるところです。

社会人が仕事と両立しながら受験して保育士になるということは、子育て支援をしていこうというマインドが大変高いわけです。そういう意味で、こちらの教育研修あるいは指示に対してフレキシブルに考えられる、即戦力になりうることがメリットです。さらにそうした人々は適応能力が非常に高いということも特徴で、大変貴重な戦力になっています。

八田　この人たちは、資格をとる前は何をしていたのですか。

中村　さまざまな職種の社会人です。

八田　ポピンズで採用した保育士資格未取得者は、資格を得るまでどのように働いてもらうのですか。

中村　認証保育所で働いてもらったり、本社の管理業務などに取り組んでもらったりしています。
実は、保育士を募集してもなかなか集まらないので、大学卒や社会人の無資格者の方でも、関心がある人をまず受け入れます。そして、土曜日に実施している無料の保育士試験受験講座を受講してもらい、8月の国家資格を受けてもらっています。毎年約30名が合格しています。自助努力もここまでやっているということです（先述の通り、2016年には国家試験が8月と12月の年2回実施に変更され、年間約50名が合格している）。

八田　なるほど。土曜日は試験対策予備校をやるということですね。

中村　eラーニング化もして、家でも勉強できるようにしています。

八田　それほど試験合格者は戦力になるのですね。

■保育士養成校出身者の問題

八田　次に、保育士養成校出身者について伺いましょう。

中村　おかしいと思うのは、2年間養成校で学べば、自動的に国家資格が取得できることです。その場合は試験を受けなくてよいのです。

八田　卒業さえすれば資格が取得できるのですか。

中村　卒業の段階で、国家資格が自動的に付与されます。そして一番の問題は、全国の保育士養成校から年間3万6000人が輩出されるのですが、そのうちの半分しか現場に来ないことです。資格は一応取得した後、すぐに保育所へ就職せず、他の業種に就職したりしてしまうのです。

八田　実際のご経験上、養成校出身者はいかがですか。

中村　養成校の卒業生は、ポピンズの場合、以前は10人面接に来ると7人くらいは不合格で、3人ほどしか採用できませんでした。第一印象や言葉遣い、コミュニケーション能力などを見たときに少し難しいのではないのかという人は落としていたのですが、ここ数年は残念ながらよほどの問題がなければ、資格さえ持っていれば採用する状態です。

そうすると、保育士のレベルが下がります。覚悟ができていない新人の保育士を入れても、ポピンズのように厳しい現場研修や教育をしていくと、リアリティ・ショックが起きてくるのです。ただ子どもと遊んでいればいいのではなく、エデュケア[6]の年間計画が立てられるのか、保護者とのコミュニケーション能力があるか、コストセーブができるか。そしてポピンズの場合は、ハーバード大学やスタンフォード大学と連携しながらエデュケアを実施しているので、それにキャッチアップできないということも起きます。現実の姿にショックを受けて、早い人は1カ月で辞めてしまいますし、3カ月以内に新規採用した人のうちの2桁の人が辞めたこともあります。

従来は採用にかかる費用は1人当たり10～15万円でよかったのですが、現在では60万円かかっています。非常に経営を圧迫し始めてきていると言えます。

八田　もともと10人のうち優秀な3人を採用すればよいということで、採用の費用が削減されていたわけですが、採用する人を広げることで非常にお金がかかるようになっているということですね。これは大学でもそうで、とにかく一番成績が悪い学生に、追試をしたり、相談したりして、時間がかかるのです。

中村　同じですね。沖縄に行ったり北海道に行ったりして採用し、社宅も用意するのでお金がかかります。一企業で努力できる範疇を超えています。

八田　試験合格者は質が高いから、こちらを戦力増強に使いたいということですね。

4　試験の合理化

■試験の2回化7

中村　試験合格者数を増やすために、保育士不足の自治体では、試験を年2回にしてほしいと思います。受験生は1年に1回しかチャンスがないので、1回落ちれば1年間待たないといけないことになります。今は夏に試験をしているのですが、冬にも実施すれば受験生の負担が大幅に減ります。

八田　なぜ、年2回にできないのですか。

中村　厚生労働省は、2回化するとコスト高になるため受験料が上がるというのです。

八田　もし受験料が上がるとしても、試験回数が増えることは受験生に大きなメリットがあるので、受験する人は多いでしょう。

中村　試験の2回化は、保育士を増やすのに最も有効な手段だと思います。

八田　さらに、夏の試験は冬の試験と同じ主体が実施するのではなく、必要とする自治体が独自に実施したらいい。ところで、自治体が独自に年2回試験を実施するのに、国の法律は何も変えなくていいのですか。

中村　そうなのです。5年以上前までは、全国で実施していました。試験の内容も地域ごとに違っていて、あっちに行った方が受かりやすいというのもありました。

八田　今のように全国保育士養成協議会が全部一斉にやるようになる前は、試験の内容も県によって違ったということですよね。

中村　そうです。それぞれの県で試験日も違っていたし、内容もおそらく統一していなかったと思います。

八田　全国保育士養成協議会以外でも、試験問題を作ることができるのでしょうか。

中村　できると思っています。

八田　これは実際、法律的には自治体の権限でできるはずですよね（なお、第2章で触れるように、2017年より神奈川県では地域限定保育士試験を独自に作成し、通常の2回の試験に加えて計3回実施されている）。

中村　できます。やっていけないとは書かれていませんから。

八田　現在、全国統一の試験は夏に行われていますが、たとえば東京では冬も試験を行い、夏とは別の主体が作成する。冬の試験に受かった人は東京だけで働けるとしてもいいですね。

中村　都道府県内だけで使える保育士資格の制度を整備して、各自治体が試験を自由にできる仕組みを作ってほしいと思います。

先ほども述べた通り、待機児童解消のために保育所を増やすのであれば、それに合わせて保育士の人数も増やす必要があります。保育士試験の回数を増やし、保育士を増やすことは、社会から強く求められていると思います。

■試験問題の適正化

八田　次に、保育士試験で要求される知識の範囲は、本当に保育の現場に必要なのでしょうか。かなり削減できるように思います。

中村　削減できます。試験では、実際には必要のない知識が多く問われています。保育所には栄養士が配置されているのに、保育士試験で「この食料の中にカルシウムが何グラム含まれているか」などと問う必要はあるのでしょうか。

本の名前と作家の組合せを問うような設問もありました。落とすための試験をしているのですかという感じです（試験問題の例は、次ページの表1‐1を参照）。

八田　「こんな難しい試験を受けるよりは、養成校に来た方がいいよ」と言っているような試験ですね。

中村　養成校には、養成校の卒業生がその試験を受験したら何名合格するのかと問いたいです。都道府県内ごとの保育士制度ができれば、試験問題自体が改善されることになるでしょう。

■試験方法の改善

中村　試験方法自体を改善して、試験実施のコストを大幅に引き下げられると思います。たとえば、米国公認会計士試験などは、プロメトリック株式会社という民間の企業によって、コンピューター

表1-1　保育士試験問題の例

例1：平成26（2014）年筆記試験「教育原理」問5

次の文は、寺子屋に関する記述である。不適切な記述を一つ選びなさい。
1　寺院での庶民教育を起源とするが、やがて寺院から独立し、江戸時代に著しく普及した。
2　寺子屋の教師は「師匠」などとよばれ、生徒は「寺子」などとよばれた。
3　教育内容は、読み書き算の基礎教育で、教科書としては往来物などが用いられた。
4　指導方法は、手習（てならい）という個別指導が主流であった。
5　代表的な寺子屋として、伊勢の鈴屋や大坂（大阪）の適塾がある。

例2：平成25（2013）年筆記試験「保育実習理論」問13

次の文のうち、適切な記述を○、不適切な記述を×とした場合の正しい組み合わせを一つ選びなさい。
A 「ももたろう」は、日本の昔話である。
B 「三びきのやぎのがらがらどん」は、中国の昔話である。
C 「赤ずきん」は、宮沢賢治の創作である。
D 「おしいれのぼうけん」は、松谷みよ子の創作である。
（組み合わせ）

	A	B	C	D
1	○	○	○	○
2	○	○	×	×
3	○	×	×	×
4	×	○	×	○
5	×	×	×	×

注）正答は、例1：5、例2：3。
出所）一般社団法人全国保育士養成協議会。

のテストができるようになっています。米国公認会計士試験も昔は年に2回、5月と11月にペーパーテストがあったのですが、現在では3区分の試験期間から好きな日を試験センターで予約して、パソコンですべて受けられるのです。

八田　そうですか。様変わりしていますね。

中村　はい。とても受験しやすくなっています。保育士試験も同じですが、米国公認会計試験も科目合格があるので、やはりフレッシュなうちに次を受けたいではないですか。今までだったら半年待たなければいけませんでしたが、3期間の中で選んで受けられるので、米国公認会計士試験の合格者数はすごく増えています。もともとこういう試験は順番を付けるテストではなくて、たとえば7割とれば合格できます。

八田　運転免許と同じですよね。試験が受かったからといって、すぐそのまま最高の仕事ができるわけがないので、合格した後、トレーニングは必要なわけです。こうした試験は、合格者が後でトレーニングを受けることが前提ですよね。

中村　そうです。このような工夫で試験コストを下げれば、回数を増やしていくことが可能になると思います。

■保育士資格のあり方

八田　ところで、全国統一の試験を作る団体は保育士養成校を束ねている団体ですね。

中村　全国保育士養成協議会です。そして、ここが全国の知事から委託・委嘱を受けて、国家資格を与えているわけです。この養成校の団体が、国家資格の試験も独占的に実施します。

八田　保育士を養成している学校は試験から難しい問題を減らしたり、試験を2回実施したりすることにあまり賛成はしないと思うのです。これは完全に利益相反になりますからね。

中村　そうですよ。

八田　ですから、むしろ保育所を実際に経営しているようなところが実施する試験を作る必要がありますね。

中村　そうです。保育士を活用し育成している現場の声が、試験問題に反映されていません。

八田　養成校のカリキュラムはどこが決めているのですか。

中村　養成校のカリキュラム内容は、厚生労働省が決めています。

八田　そのカリキュラムを決める審議会には、中村さんのような会社の方が入っていらっしゃるのですか。

中村　ゼロです。

八田　それではユーザーの声を集めることができませんね。試験内容や保育士資格登録を含めた運営のあり方について、改善の余地はありそうです。

5　多様なバックグラウンドの保育士の活用

■保育士に多様な資格を

八田　保育士不足のもう1つの解消策は、ニーズに応じてさまざまな資格を作って、多様な人に働いてもらう道を作ることではないでしょうか。

中村　そうですね。たとえば、試験科目を少なくして、準保育士などの資格を与えることです。養成校ならば、まず1年でそのような新たな資格を与えることができます。子育て経験者であれば、数時間のレクチャーを受ければすぐに保育所で働くことができます。現場で働きながらの実習、実践、オン・ザ・ジョブトレーニング（ＯＪＴ）にプラスして、通信教育や土日の予備校などを利用して勉強し、国家資格をとっていく。

八田　そうすれば、このタイプの国家資格者は急速に増えるでしょうね。

中村　その通りです。その次は、園をマネジメントできる能力、保護者とのコミュニケーション能力、あるいはスペシャルニーズといって自閉症児や障害を持つお子さまをお預かりするためのスキルも求められています。

八田　その場合は、専門職ですね。修士号等が必要かもしれません。

中村　そうです。大学や保育大学院などで高いレベルの教育ができるように、今、変えなければいけない状況です。

■子育て経験者の活用

中村　保育士不足対策として私が最も有効だと考えるのは、子育て経験者の活用です。子育て経験者の活用に関する私の考えは2つあります。1つめは、女性の活躍推進と言っている中で、第1子を産んで仕事を辞めていく6割の女性たちが仕事を続けることです。2つめは、いったん育児で辞めてしまった40代ぐらいの人が、もう一度何らかの形で復帰してくることです。

彼女たちには、言ってみればスーパーのレジなどしか仕事がないのが現状です。しかし、子育てをしたというのはものすごい経験で、保育士養成校を出るよりも何十倍の経験をしているのです。したがって、子育て経験を国がキャリアとして認めて、そしてそのキャリアを生かせる保育所に復帰させる、あるいはそこで活用する。そういう仕組みについて、国がメッセージを出してほしいと思います。

八田　当然です。

中村　今、国が動きはじめていますが、子育て経験者に一定の研修を課して、認可保育所は駄目だけれども、事業所内保育所や19人以下の小規模保育所では、子育て経験者で一定の研修を受けた者を採用してもいいということになりました。

ところが、15〜25時間の研修を一体誰が用意し、いつ実施し、いつからそういう子育て経験者を入れられるのか、今のところ不明です（2015年度より、「子育て支援員」として制度化された。各自治体で行っている20時間前後の研修を修了すると資格取得となる）[8]。

また、事業所内保育所というのは、かなり国が運営を管理していて、保育士100％の施設を優遇しています[9]。そうすると、その保育士100％に慣れている事業所内保育所が、そこから保育士を引き払い、子育て経験者を入れることに対して、事業所内保育所の管理責任者や自治体など今のルールで動いている人が、どういうふうに実際にそれを受け入れられるか、私は疑問なのです。なぜならば、規制緩和によって2000年の3月に株式会社も参入できると言ったにもかかわらず、今日現在まで、全国の自治体で実質的な株式会社排除がなされてきたではありませんか（なお2019年現在までに、首都圏など待機児童が多い地域では自治体の株式会社に対する認可参入障壁はほとんどなくなった）。ですから、これできちんと育っていくのかどうか不安があります。

6　料金設定の自由化

■認可保育所の非効率性

八田　現在では、認可保育所は国から補助金を受け取る代わりに、料金は規制されています。したがって、質の高い保育サービスを提供しても高い料金をとれない。このために、質の高い保育士さんに十分高い報酬を支払えないという問題があると思います。今、認可保育所の料金設定に関する規制はどういう形のものですか。

中村　まったく需要に基づかない、これでやりなさいという政策価格です。

八田　しかし、料金体系は、自治体によって違いますよね。

中村　それは補助金の加算をしているからです。たとえば、東京都の場合は人件費が高いので、加算で補助金を増やしています。

八田　認可保育所は、駅前では高くするといったようなことはできますか。

中村　できません。たとえば認可保育所の中で、もっとオプションサービスを提供して、それで受益者にご負担いただくということをしたいですが、できないのです。

八田　でも、認証保育所は、補助金を得ている場合でも、やろうと思えば駅前は非常に高くしたりできるのですね。

中村　認証保育所ではできます。どんなことだって、やろうと思ったら、その経営者にそういうマインドがあればできるのです。ただし補助金は、認可保育所に比べて低いです。また保育料には上限があり、原則として月220時間以下の利用をした場合の月額は、3歳児未満で8万円、3歳児以上で7万7000円を超えない料金設定と定められています。

八田　認証・認可に関わらず補助金を1人当たり同じ定額で支払うバウチャーに変えて、その代わりに、料金の設定を自由にできるようにすればいいわけですね。

中村　その通りです。そうすれば、子育て世帯がさまざまな価格・質で供給されるサービスを自由に選択できる制度になります。その場合、保育士の給与はマーケットの水準で決定されることになり、結果として現在より改善できます。

また、保育士の能力に応じて給与水準の差が大きくなることが考えられ、保育所側の教育研修に加えて、保育士自身の自己啓発がより重要となります。自由競争の中で、保育所の保育サービス評価と保育士の人事評価が適正に行われれば、サービス水準の改善とモチベーションアップにつながります。

現在の保育サービスの対価は、需要に基づかない政策価格であることから、保育士の給与も、本来得られるはずの水準より低く抑えられているのです。バウチャーが必要だという議論はもう何十年やっているのに、なぜ保育でできないのでしょうか。

■公立保育所への過度の公費負担

八田　ところで、公立の保育所は料金規制がされているのに、保育士に高い給料を払っていますね。

中村　民間保育所の保育士処遇改善に向けた国の取り組みも一応は存在します。保育士の勤続年数に応じて保育所に補助金を交付し、保育士の処遇改善に充ててもらう仕組みですが、加算額は10年目に上限に達します。保育士が20歳で入って30歳までは補助金の額としては上がりますが、10年目からは一向に増えないのです。だから、40歳になっても50歳になっても、普通の民間企業では、他のコストを削減してこの人に支給しない限り、給与は増えません。

ところが公立保育所では、保育士は地方公務員ですから毎年給与が上がり、45〜50歳以降は年間1000万円になります。公務員の栄養士の給与は年間800万円です。保育サービスの質や保育士個人の評価に関係なく、公立の保育士の給与は上がるのです。だから私は、公務員の保育士の年収を広く公表してくださいと言っています。

八田　生涯給料で言えば、民間と公立の格差は大きいわけですね。

中村　すごいですよ。ぜひ調査してみてください。私は10年前に一度、ある自治体に、「公務員の給料を開示してください。それから、公立保育所で子どもを預かるときに、0歳児1人当たり1カ月いくらかかっているのか開示してください」と請求しました。そうしたら、ある区では出しました。そのときに0歳児1人当たり1カ月預かるのに55万円、年間600〜700万円ということでした。こんなにお金を掛けているのです。

ポピンズの場合は、認証保育所で家賃を支払い、敷金を支払い、その他のコストも支払って1人15万円あれば十分にできます。

それで今、0歳児に対しては自治体から補助金が1人当たり12〜13万円入ります。それから、保護者から高ければ8万円いただきます。だから、そこで約5万円が浮きます。これが余剰金となって、施設整備や研修費にお金を使うとか、保育士の待遇改善に使うとか、そういうふうに民間では資金が回るわけです。だから、国民の皆さんに、0歳児1人当たり月額55万円の補助金が使われていることへの是非を問うべきだと思います。

八田 保育士を大量使用する公立で公費が無駄に使われているわけです。その結果、保育士さんたちが不足していると言えますね。

中村 保育士が株式会社に集まりにくい理由は、養成校の教授たちが、就職先は第1に公立、第2に社会福祉法人、それらに落ちた場合に株式会社へ行け、と言うからです。株式会社を最後に推薦するのです。むしろ推薦もしません。行くなと言うのです。ですから、公立が1番。非常に安泰ですし。

八田 障害児等を対象とする施設や僻地・離島などの保育所では、公立私立を問わず、特別の公費負担が行われるべきなのは当然です。しかし、バウチャーを基本とした公費負担にすることによって、補助に関しては、認可・認証・公立・社会福祉法人立・株式会社立をすべて公平に扱い、それぞれの特徴を競い合わせる仕組みになります。これによって、高い保育士比率の認可・公立・社会福祉法人立の保育所が減り、認証・株式会社立が増えます。これは、認可・公立・社会福祉法人立から保育士を解放しますから、保育士不足に大きく貢献するでしょう。

ただし、障害児や低所得者には手厚いバウチャーを給付すべきなのは言うまでもありません。公立に使っている公費を、原則子ども1人当たり定額のバウチャー型補助金に変えていけば保育士は増やせるわけですね。

7　株式会社の参入促進によって保育所を増やせ

■保育所撤退のプロセスの透明化

八田　株式会社は利益が出ないと撤退するから、保育所に自由に参入させるべきではないという意見があります。

中村　どんな事業でも常にリスクを伴います。たとえば、飛行機は1回落ちたら何百人も死ぬから飛ばすなと言うかもしれませんが、その必要性や乗客の利便性をふまえれば、私たちは落ちないために整備を完璧にすることを考えています。

保育所運営に株式会社が参入することに懸念があるのならば、懸念が現実化しないような手立てを考えます。今のように株式会社だから規制するのではなく、入口は緩やかにして、その代わり、ルール違反をしたら社会福祉法人も株式会社も同じ条件で市場から撤退させる。こういう原則が必要だと言いたいのです。厚生労働省はこの原則を持っていないので、一度参入した社会福祉法人を撤退させられません。

八田　経営主体が何であれ、ルール違反をしたら撤退させる仕組みをきちんと作らねばなりません。

中村　それは絶対に必要です。株式会社にも、本業が危なくなって保育所運営に参入しているところがありますが、危ないと思う企業がたくさんあります。他方で、やはり社会福祉法人だって悪いことをするところはあります。株式会社であれ、社会福祉法人であれ、「違反したら撤退」というようなルールが必要です。

八田　その場合、子どもはどういうふうに、どこに行かせますか。

中村　そこです。周囲の保育所で連携をさせておいて、万が一の場合には別の保育所がいったん引き受ける仕組みを作るべきです。

以前、厚生労働省事務次官は、株式会社の参入を無制限に認めると、すぐ倒産・撤退するということがあって、どうしても国民の賛同を得られないとおっしゃったのです。

しかし、たとえばゴミの廃棄は業者に公共団体が委託しており、委託した補助金の一部を供託金としてプールし、もしこの委託業者が倒産したり、危なかったりしたら、その供託金でフォローするという仕組みがあります。そこで、民営保育所にそれほど信頼がないのであれば、株式会社に支給した補助金の中の一部を供託金として積み立て、どこかの会社が倒産・撤退したら、株式会社同士でそれをフォローするなり、その供託金を使って解決すればいいのではないかと、事務次官に提案しました。

八田　それは当たり前ですよね。工事で請け負ったところの失敗に備えて、資金の供出をあらかじめ義務づけておくとか、いろいろな手が世の中にあります。

中村　経営者の中には保育の理念もなく、ただ1つの事業部としてやっておけばいいという考えで参入してくるところもあります。

しかし、私たちは同じ株式会社という名前の下に括られてしまうので、どこかで何かがあると、

「ほら見たことか」となって、ポピンズの評判も落ちてしまいます。こうしたことを防ぐために、ポピンズが音頭をとって2014年6月に保育業者で連絡会議「保育の未来を創る会」を作りました。学研ココファン・ナーサリー、コンビウィズ、小学館集英社プロダクション、ピジョンハーツ、ベネッセスタイルケアの各社社長に声を掛けて、国や自治体に対してしっかりとした保育改革を提言していこうということになりました。

八田　なるほど。保育所を運営する株式会社が結束し、あるべき保育システムを提案していくのですね。ぜひ、急いでやってほしいと思います。頑張ってください。

■地方分権と既得権

中村　国レベルで株式会社が保育所運営に参入することが認められても、自治体レベルで拒否されるケースが多くあります。保育や介護は地方自治体に権限が移管されており、地方自治体が裁量性を膨らませてしまっています。議会で保育所の予算は決まりますが、その議会に陣取っている人たちが社会福祉法人の出身であったり、社会福祉法人の団体から票を集めて入ってきた議員であったり、そういう人が多いので、なかなかその地域に株式会社立を参入させることに積極的ではありません。

株式会社を参入させるとそちらに子どもを持っていかれるという、ある種の怖さもあるようです。

八田　それはそうでしょうね。そうすると、やはり地方分権はすべてうまくいくわけではなくて、この場合には、地方分権であるが故に、地方の既得権者がいろいろ決めているということなのでしょうか。むしろ国が介入した方がいいということでしょうか。

中村　厚生労働省に対しても、実質的に規制緩和になっていないことを言い続けてきました。今回少し動いたと感じたのは、株式会社と社会福祉法人を差別してはいけない、その地方自治体に待機児童がいて、必要な保育所数を自治体が決めたときに、そこに手を挙げた株式会社を何らかの理由なくして排除できないということを、局長通知で２０１３年の５月からルールとして入れました。

しかし、一応ルールとして入りましたが、依然として自治体がハードルになっているケースがたくさんあります。なぜ、中央政府の権限が自治体の中でこんなになくなってきたのでしょうか。特に保育における国の関与の力は低下してきています。

八田　参入制限がないように、国が責任を持つ必要がありますね。規則の枠内で地方分権するにしても、やってはいけないことをきちんと決めて、それに関して国が監査する仕組みを作れということですね。

中村　そういうことです。

注

1　政府は、２０１３〜２０１７年度に進められた「待機児童解消加速化プラン」で約53万人分の保育の受け皿拡大を実現した。また２０１８年度から開始された「子育て安心プラン」の目標を２０２０年度末に前倒しし、さらに32万人分の拡大を目指している。

2　国が定めた設置基準を満たし、都道府県知事に認可された保育施設。保育士比率10割が義務づけられている。

3　大きな国費負担があるため、利用者の支払う保育料は安い。

4　認証保育所とは、東京都が独自の基準を決めて認定した保育施設。保育士比率の義務づけは6割となっている。国費負担はきわめて少なく、自治体が補助を行っている。なお、横浜市の「横浜保育室」も、東京都の認証保育所と同様に自治体独自の基準で認定された保育施設である（第4章参照）。

5　厚生労働省「社会福祉施設等調査」より。

6　ただし、幼稚園教諭は3歳児以上、小学校教諭は5歳児を中心に保育することが望ましいとされ、保育を行う上で必要な研修等も求めることとされている。

7　エデュケアとは、エデュケーション（教育）とケア（保育）を組み合わせた言葉。単なる保育ではなく、各幼児の優れた知能を発見してより伸ばすとともに、それらを活用しながら他の知能をも伸ばすことを両立させる概念である。

8　先述の通り、2016年から規制緩和により年2回となっている。

9　なお、研修内容は各自治体によって異なる。また、東京のように無料で研修を受講できるところもあれば、大阪のように有償の自治体もある。現在、働ける仕事は、保育所における保育士の補助的仕事（企業主導型は50％まで保育士としての配置可能）、学童保育における補助業務とされている。

2016年に企業主導型保育事業が導入される以前は、補助金を受給するためには認可保育所と同等の保育士配置要件があった。また、企業主導型では50％まで子育て支援員の代替が認められているものの、補助金の受給額は保育士配置比率が高い方が優遇される仕組みとなっている。

第2章
現場のニーズに対応した保育改革の必要性

◎ゲスト

駒崎弘樹

認定NPO法人フローレンス代表理事

Hiroki Komazaki

2004年に、特定非営利活動法人フローレンスを設立。2010年より内閣府政策調査員、内閣府「新しい公共」専門調査会推進委員、内閣官房「社会保障改革に関する集中検討会議」委員などを歴任。2012年4月より、慶應義塾大学非常勤講師。現在、厚生労働省「イクメンプロジェクト」推進委員会座長、内閣府「子ども・子育て会議」委員、東京都「子供・子育て会議」委員を務める。

インタビュー収録日：2018年12月26日

これまで保育関係の現場の問題を次々と政策担当者に指摘して改革を提案し、その多くを実現させせきた、認定ＮＰＯ法人フローレンス代表理事の駒崎弘樹氏に、主に実現した改革について、それぞれでどのような問題を見出し、それらが改革を通じてどのように改善されたのか、また今後の課題についてお話を伺った。

1　保育士試験の改革

■国家戦略特区からの試験改革

八田　駒崎さんはかねてより、保育士の試験が1年に1回しか実施されてこなかったこと、加えて内容が難しすぎて実態に合っていないことなどを問題点として指摘されてきました。これらについてさまざまな改革が進められてきましたが、駒崎さんのもとの問題意識に照らして、これらの改革にどのようなご意見をお持ちですか。

駒崎　まず、保育士試験の回数を増やすべきと感じたのは、自分自身が保育士試験を受けたことがきっかけでした。筆記試験には9科目ありますが、最初に受験した際に、恥ずかしながら1科目、しかも1問落として、ギリギリで落ちてしまいました[1]。もちろん落ちた僕が悪かったのですが、再チャレンジしようにも、次の試験が1年後だったんです。これはスパンが長すぎると感じました。

保育士が不足している状況なのに年に1回しか新しい資格保有者が供給されないのは、構造的に問題だと考えました。一方で、TOEFLやTOEICなどの民間英語試験は頻繁に試験が開催されており、自分の好きなタイミングで申し込むことができます。年に1回決められた時期に実施されるという試験のスタイルはすでに古くなっているのに、保育士試験ではそれが頑なに守られているのはおかしいと思い、2013年の設置当時から内閣府「子ども・子育て会議」の委員でしたので、そこで年2回の試験実施を提案しました。このことを当時の厚生労働省子ども家庭局の保育課長に言ったら、「これは厚労省が試験を委託している外郭団体がそのように運営している」という反応が返ってきました。実施が年1回なのは、夏休み期間なら学校に生徒がおらず、大学の部屋を安価で借りることができるからだというお話でした。しかし、そうした都合で、保育士が不足する中で供給が制限されてしまうのは望ましくありません。しかし結局は、子ども・子育て会議では平行線のままだったので国家戦略特区ワーキンググループ（以下、特区）で提案した、というのが一連の流れです。そこでもやりとりを重ね、最終的には地域限定保育士という形に結びつきました。もともとの僕の提案は本体の試験を年2回にする、というものだったのですが。

八田　特区で「地域限定保育士」を導入したのは、言わば激変緩和措置です。たとえば、神奈川県だけで全国共通の保育士試験をすると、神奈川県は試験の実施に汗をかくのに、受験者は全国から集まってしまいます。そこで、当初3年間は神奈川県だけで有効で、その後から全国でも有効になる制度を作ったわけです。

駒崎　そうです。地域を限定して、そこでは試験を2回実施するという形で。ただし、手を挙げてくれるところがあったらね、といった話でした。結局、神奈川県などが手を挙げて、実施されることになりました。そこでの実施状況を見た上で検討され、本体の試験も2016年からは年2回実施されることになりました。まず特区で規制に穴を開け、さらには本体の試験にも反映され、年2回の実施となりました。

■実情にあった試験を

八田　保育士試験制度の改革については、試験回数を増やすことが第一歩となりました。加えて、駒崎さんはかねてより試験の作り手の自由化も必要だということを指摘なさっておられました。これも地域限定保育士の制度で実現できると思います。実際、2017年から神奈川では試験問題を独自で作成することになりました。そういった意味でも、特区での提案は生かされていますね。しかも、神奈川県では年2回の試験に加えて県独自の地域限定保育士試験もあり、年に3回も試験が実施されることになりました。

駒崎　試験の作り手という面では、1つは、保育士養成課程のカリキュラムや試験の出題内容が、現場の状況に対して古くなっているのではないかという問題があります。もう1つとして、いま保育士として必要な知識が試験に含まれていないという問題もあります。現在の試験内容は、これら2軸で考えて両方ともノーという状況です。

1つめの例として、「小児栄養」という科目があるのですが、ここでは栄養素や食事摂取基準などを細かく覚えなければなりません。しかし、保育士自身は給食を作ることはしません。

八田　栄養士さんが別にいますからね。

駒崎　そうです。食事を通じて、子どもたちに「これは実はジャガイモでできているんだよ」とか、「ジャガイモは根が大きくなってね」という話をする際に、ある程度の栄養素の知識があればよいかもしれませんが、「アミノ酸と何とかが入っていて……」などといった細かい専門的な話は子どもたちにはしませんよね。こうした、そもそも現場の役に立たない知識を問うような問題が結構出題されるという点が1つ。

2つめは、たとえば保育所での「保育の質」を考える上でも、事故を防ぐのは最も大切なことです。とくに死亡事故はあってはなりません。しかし、養成課程のカリキュラムや保育士試験でリスクマネジメントについて学んでいるかというと、答えはノーです。リスクマネジメントの基本は、「ハインリッヒの法則」です。これは、重大な事故の陰には29件の軽微な事故と、300件のヒヤリ・ハットの出来事が存在するというものです。そのため、多くのヒヤリ・ハットから学びを得ることが、重大事故を防ぐことにつながります。しかし、こういう内容は試験では出題されません。事故をどのように防げばよいのかわからない人が、事故が起きた際に適切な対応をとるのは非常に困難です。事故の隠蔽などにもつながりかねません。このように、いま必要な知識がきちんと伝えられる試験の内容になっていないと考えています。

また、2次の実技試験では子どもに聞かせることを想定して演奏しながら歌ったり昔話等を題材に話したり、絵を描いたりといったものがありますが、これが試験を受ける段階でどの程度必要なのでしょうか。確かに絵本の読み聞かせはできたほうがよいですが、こうしたスキルは現場に出てからでも身に付けることができます。

こう考えると、保育士試験では「受験者の何を測るか」がきちんと定義されていないことが問題だということがわかります。求める人材像が明確に定義されないままに出題されていて、突っ込みどころが満載な試験になっているのです。改革の第一歩として実施回数を変えましたが、本当は養成課程本体のカリキュラムおよび試験改革を行う必要があります。

八田　試験だけでなく、保育士養成校のカリキュラムでもこうした視点が欠けているということになりますね。

駒崎　その通りです。

八田　養成校のカリキュラムはどこが作っているのですか。

駒崎　カリキュラムは、厚労省の審議会である保育士養成課程等検討会で審議された内容に基づいており、それが各養成校に示されます。つまり、厚労省が握っているとまでは言わなくとも、管轄している部分があるわけです。

八田　保育士養成校の関係者も、その審議会のメンバーになっているのですか。なっているとすれば、利益相反のような関係にはなりませんか。

駒崎　一部の保育士養成校の方は、審議会のメンバーになっていると思います。

八田　もちろん、関係者の意見は十分に聴かなければなりませんので、ヒアリングは必要だとは思いますが。

駒崎　そうですね。また、既存の養成校は過去のカリキュラムに対応した投資をしてきているので、ドラスティックな改革をしようと思うと、人材を養成し直す必要が出るなど、どうしても根本的な対応が必要になります。新しいカリキュラムに対応できる教師などを新たに揃えなければならないので、確かに痛みはあります。それでも、今の現場のニーズに応えるという点を考えると、現状の対応には非常に大きなタイムラグがあります。

たとえば、現在日本には多くの外国人労働者が入ってきていて、彼・彼女らの子どもたちもたくさんいます。僕たちの保育所でも、子どもの定員12人のうち、7人が外国籍という園があります。現時点でもそのような状況ですが、2018年12月に入管法（出入国管理及び難民認定法）の改正があり、今後はさらに外国籍の子どもたちが増えていくでしょう。

それでは、外国籍の子どもたちの保育について、審議会等でどんな検討がなされているかというと、実はまったくなされていません。何一つ検討されない中で、現場は「外国籍の子どもが来たらどうしよう」という状況に置かれているのです。今まさに、どのような子どもたちが、どういった課題を抱えているのかに対応して柔軟にカリキュラムを変えていかなければならない時期なのに、まったくできていません。

目下、喫緊の課題である待機児童問題への対応に忙殺されている厚労省では、保育行政の中で「保育の質」の議論が後回しになっています。まずは量の確保が優先されているという状況です。そのために、保育士試験の内容など質に関する改革があまり進んでいないという面もあると言えるでしょう。

八田　なるほど。待機児童問題はさまざまなところに影を落としています。保育士試験の問題にはそうした背景もあるのですね。

2　保育所の質を測る

■市場競争による評価

八田　先ほども話題に上ったように、政府の「保育士確保プラン」なども進んでいますが、保育士不足は現在も深刻な問題です。待機児童対策のために量の確保が優先されているということですが、そうは言っても保育サービスの質の担保は必要です。保育所の質を客観的に判断する指標として、どのようなものが考えられるでしょうか。

駒崎　保育士不足と待機児童問題への対応は、これまでもさまざまに進められてきました。供給が満たされて待機児童問題が解消へ向かえば、次は競争を通じて質の低い保育所が淘汰されていくでしょう。これまでは保育所が足りずに競争原理が働かなかったので、保育所の評価として満足度などの指標が参照されることもありましたが、競争市場ができれば、質が低い保育所は定員割れにより閉所を余儀なくされます。

■情報開示の重要性

八田　市場競争を通じて評価されるということですね。しかし、公に開示された現場の情報がなければ、保護者は子どもを預ける保育所を選択することができません。どのような情報が開示される必要があるとお考えでしょうか。

駒崎　「マネジメント指標」と「オペレーショナル指標」の2つの側面から見ることが必要です。まず、マネジメント指標として、1つは財務諸表が挙げられるでしょう。２００8年に、保育所を運営していた株式会社エムケイグループが経営破綻して、保育所を閉園した事例がありました。たとえば、保育事業で得た収益を他の事業に投資することがあれば、資金繰りが回らなくなることもあります。このようなことを避けるためにも、財務諸表の開示を義務づけることなどにより保育所に一定の規律を持たせるべきだと思います。加えて、事業者が法令違反をしていた場合には、そのことを開示する義務を課すべきです。さらに、従業員数や沿革など、事業者の健全性を示す情報を開示したりすることも必要だと思います。

八田　運営事業者の経営状態を開示するということですね。

駒崎　オペレーショナル指標としては、従業員の離職率が挙げられます。離職率が高い保育所は多いのですが、突出して離職率が高い保育所はその情報を出すことを嫌がるでしょう。しかし、そうした保育所は何らかの問題を抱えている可能性が高いので、離職率は保育所の質を測る有効な指標だと思います。また、保育士の勤続年数やキャリアも重要な指標です。その際、ベンチャー企業では創業からの年数が短いために、必然的に平均勤続年数も短くなります。そこで、その保育所での勤続年数ではなく、保育士としてのキャリアが1年未満の保育士が何名いて、10年以上のキャリアを持った保育士が何名在籍しているかというような情報を開示すればどうかと思います。

八田　これらの情報が開示されれば、保育所の状況が客観的にわかるので、新たに保育所を探している保護者が保育所を選ぶ基準にもなり、保育所間の競争はますます高まるでしょうね。

■第三者評価を義務づける

八田　もう一歩踏み込んで、保育所のサービスの質を評価する基準とは何でしょうか。

駒崎　利用者の満足度だと思います。

八田　たとえば、マスコミやＮＰＯなどの第三者が保育所の評価やランキングをしようとしたときに、満足度を測るための方法としては、何がふさわしいでしょうか。

駒崎　これまでも、第三者評価を試みている自治体はありました。しかし、評価を行う第三者機関に保育所側が料金を支払う構図が問題です。評価機関側からすれば、顧客を評価するのですから評価は甘く、横並びになります。それでは第三者評価にはあまり意味がありません。しかも認可保育所は第三者評価を受ける義務がないので、シビアに評価されることを嫌う認可保育所は、調査を断ることもできます。

八田　なるほど。自信のある保育所だけが第三者評価を受け入れている実態があるのですね。しかし第三者評価の最低限の機能は、保育所が開示している情報が正確であることを客観的に担保することでしょう。

駒崎　その通りです。一律に第三者評価を義務づけ、適切に認定された第三者評価機関が厳密に調査するのであれば、第三者評価の仕組みも機能すると思います。

3　小規模保育の改革

■「20人の壁」の打破

八田　次に小規模保育について、従来からの問題意識とこれまでの改革についてお伺いします。

駒崎　2015年4月に施行された子ども・子育て支援新制度の中で、小規模保育の認可事業が始まりました。実に約70年ぶりに認可の仕方が大きく変わったという意味でも、非常に大きな改革だったと思います。従来の制度では「20人の壁」と呼ばれるものがありました。これは、保育所に通う子どもの人数は最小でも20人でなければ認可が下りないというものです。自治体によっては、さらに上乗せされて60人と定められているところもあります。それが、この改革で、6人以上19人以下の小規模保育にも認可が下りることになりました。

八田　駒崎さんは、どんな経緯でこれを提案されたのですか。

駒崎　きっかけは2008年に、フローレンス社員の子どもが待機児童となり、育休から復帰できない時期があったことです。そのとき、待機児童問題は確かにあるんだと気づかされました。そこで、新たに保育所を作ってこうした親御さんや子どもたちを助けたいと思ったところ、あまりの規制の多さに驚きました。中でも特に重要な規制が「20人の壁」でした。

20人以上の子どもを預かれる保育施設となると、それなりの規模が必要です。しかし、そんな土地や物件は非常に限られてしまいます。これが原因となって、新しい保育所が作りにくく、待機児童問題が解消されないのではないかと考えました。一方で、空き家やマンションの空部屋などは結構ありますよね。そこで、そうした小規模スペースを保育所として利用できれば、待機児童問題の解消にもつながるはずです。しかも２００８年当時、待機児童の8割は0～2歳で占められていました。3歳以上とは違って、それほど動き回るわけでもありません。ですので、家やマンションの一室を利用する形態でも保育所として機能するだろうと考え、認可をもらうために厚労省に交渉しました。

当時、厚労省の保育課に電話をして「なぜ20人なんですか？」と尋ねると、「理由はわからないですが、以前からの規則なので従ってください」という回答が返ってきました。保育課でもわからないということは、たぶん理由はないいんだと思いました。10人前後であれば3ＬＤＫでも預かることができます。それで、民主党の松井孝治議員（現・慶應義塾総合政策学部教授）に相談することにしました。

すると、すぐに松井議員から賛同をいただいて厚労省に話を付けてくださり、厚労省も試験的事業という形で実施を認めてくれました。「小さい部屋でも特別に許してあげます」という枠組みです。そこで江東区に対して、「厚労省から特別に許してくれるという話をもらったから、特別に小規模保育所を作らせてください」と相談しました。はじめ江東区からは抵抗あり、「そんなの、認可だけで十分だよ。誰だい、君は」などと言われましたが、江東区の他の方々のニーズも伺って、周囲の援護も得ながら交渉し、なんとか認可をいただくことができました。それが、東雲のデザイナーズマンションで運営する「おうち保育園しののめ」です。9人の定員に対して20人強の申し込

●「おうち保育園しののめ」にて、給食中の園児たち［写真提供：認定NPO法人フローレンス］

みあり、これは需要があるなと思いました。

八田　それは2009年頃のことですか。

駒崎　2010年4月のことです。提案から2年越しで実現できましたが、結果的には保育士も集まってくれました。当時も保育士の確保が大変でしたが、来てくれた理由を聞いたら、「大きな保育所だと1人ひとりの子どもを丁寧に見ることができないけれど、小規模な保育所だったらそれができるから」ということでした。だから、子どもや親だけでなく、保育士にとってもよい形なんだと思うようになりました。

「おうち保育園しののめ」の立ち上げで、9つの家庭を助けることができました。でも待っている家庭は9つだけではありません。そこで、全国レベルでの小規模保育事業の制度化を促すために、多くの政治家や官僚の方々に東雲に視察に来ていただいたのですが、その中に村木厚子さんがいました。当時待機児童対策特命チームのリーダーで、後に厚労省の事務次官になる方です。その彼女が、「これはすごい。なぜいままで気づかなかったのか。大きな保育所は作りにくいけれど、小さければ作りやすいに決まっているじゃないか」と言ってくれたんです。そこで、現在の子ども・子育て支援新制度の前身である法案、「子ども・子育て新システム」に盛り込むとまで言ってくれて、実際に入ることになりました。

このことがきっかけで小規模保育が国の制度に入り、国会を通過して「小規模認可保育所」となりました。先にもお話しした通り、2015年に実に約70年ぶりに制度が変わり、おうち保育園のような形態にも認可が下りるようになったんです。

■質向上に向けた制度への包摂

八田　その制度の特徴として、職員が全員保育士でなくてもよいというのもありますよね。

駒崎　そうですね。実は2010年におうち保育園を開設して、2015年に制度化されるまで4年間ありましたが、その間に子ども・子育て会議で、子ども・子育て支援新制度の実施に向けた準備期間を十分にとって議論しました。小規模保育は僕らしかやっていなかったので、僕らの意見の多くを実現することができました。

その中で、どんな事業者まで参入を認めるかという議論がありました。小規模保育を認可したら、それまで認可外で保育ルームなどを運営していた事業者も参入しようとするのではないか。参入を厳しくして質を担保するか、ウィングを広くして多くの事業者が参入できるようにするかという2つの方向性が考えられました。この議論の際に、僕はウィングを広げるべきだと答えました。

というのも、幅広い事業者に参入を認めて制度に包摂することで、中長期的にはその事業者の質も引き上げられると思ったからです。いま認可外で運営している事業者をそのまま続けさせても、おそらく彼らの質は上がりません。しかし、制度に包摂してしっかり補助が付くようになれば、保育士さんの給料も上げられるし、新しく雇うこともでき、徐々に質も上がっていくだろうと考えたのです。北風と太陽の話じゃないですが、僕は太陽の方がよいのではないかと思いました。

ただし、どの事業者も同じ扱いにするというわけではありません。保育士比率が100％の場合はA型、50％以上の場合はB型、まったくいない0％はC型と3種類にランク分けして、Aから順に補助額を多くするような提案をしました。質を向上させるインセンティブが付与されれば、みんなそれを目指すだろうと考えたのです。ところが、この提案は非常に批判されました。質を下げる規制緩和の権化だと、左派の人から結構叩かれました。

でも、ちょっと待ってくださいと。参入を制限して保育士100％の事業者に絞ってしまうと、子ども・子育て支援新制度に包摂されない事業者が闇に潜ってしまい、そこで事故などが起きてしまったら、結局子どもたちのためになりません。ならば、制度に包摂して管理し、ステップアップを促すべきではないかと主張しました。その甲斐もあり、提案は一応通ることになりました。今では、3タイプの中でA型が最も多くなっています。事業者たちに、質を高めていく意識が根づいたのではないかと思います。

また、多少保育士が少なくても保育所を作ろうという流れもできています。C型は、東日本大震災の被災地などでよく使われていました。保育士さんも被災し、数年はそこに住めなくなって仙台などへ移ったけれども保育所は必要だというときに、A型やB型は無理でもまずはC型で作っておいて、保育士さんが戻ってきたらB型に上げようという流れです。地域ごとにいろいろな事情がありますが、それに合わせてやれることがあるのです。

八田　今はA型が最も多いのですよね。やはり、補助率が高いからでしょうか。

駒崎　この点は割と意外でしたけれど、そうだと思います。2010年当初はおうち保育園だけでしたが、小規模認可保育所制度として蓋を開けてみたら、2015年には一気に約1600カ所に増え、2016年に約2400カ所、2017年には約3500カ所へと爆増しました。

八田　これはすごく大きな改革でしたね。実際にやってみて、別の問題点などは見えてきましたか。

駒崎　はい。当初、0～2歳の待機児童が多いことから対象を0～2歳にしました。子ども・子育て支援新制度の議論をしていたときは、3歳以降は幼稚園が保育所化して受け入れることが見込まれていました。共働きが増えて、今のままでは幼稚園の需要が減るから、保育所化することで生き長らえようとするだろうと厚労省はふんでいたんです。認可保育所の場合も、増やしていることに加えて3歳以降は子ども20人に対して保育士1人で済むので、枠も広がる。だから3歳以降は心配しなくて大丈夫だという感じでした。当時の構想は小規模保育は「連携園」と位置づけられ、大きな幼稚園や認可保育所と連携し、0～2歳までを受け入れて3歳以上になったらそちらへ移すというものでした。

ところが蓋を開けてみたら、幼稚園が子ども・子育て支援新制度に乗ってきませんでした。確かに認可保育所も増えましたが、待機児童が多い東京都は依然として3歳でも入れない地域もあり、連携して3歳以降は必ず受け入れる確証はできないと言い出したんです。

八田　それは、なかなか事前には予測できませんでしたね。

駒崎　こうなると、当初の構想と実態が乖離してきます。連携は義務になったので、小規模保育所はどこかと連携しなければならないのですが、先方から拒否されて連携できない。それを自治体に訴えても「いや、知らないよ。あなた方がなんとかするんだよ。連携できないなら作らなくていいよ」といった逆回転まで実際に起きてしまいました。

現在は、子ども・子育て支援新制度も見直しの時期です。連携園の当初の構想はすでに破綻しているので、廃止する方向で提案しています。厚労省は、「いきなり廃止はできないから、移行期間として例外を認める措置を後5年延長して対応する」という感じで先延ばしをしようとしています。

小規模保育という新しい仕組みで大きな改善は果たせた一方で、当初想定できなかった制度のバグが明らかとなり、今はそれへの対応が必要となっている段階です。連携園の問題に対して僕が特区で提案したのは、3～5歳の小規模保育への認可でした。0～2歳に続いて3～5歳でも小規模保育が可能になれば、セルフ・セーフティネットとして機能しうるかなと考えて提案し、すべて取り入れられました。

ただし、これは基礎自治体が認めてくれないと実施できないんです。東京の場合は23区の自治体が認めてくれず、まだ実現できていません。最近は大阪府などで手を挙げてくれた自治体が現れてスタートにこぎ着けたところで、そういう自治体も次第に出始めているという段階です。

八田　東京都は、まだどこも3歳以上の小規模保育は認可されてないのですか。

駒崎　そうなんですよ。せっかく国で穴を開けたのに、こういう状況にとどまっているのは残念です。

■過剰なバリアフリー規制

八田　それから、小規模保育の制度化ではトイレの問題も重要でしたね。

駒崎　そうですね。この小規模保育は先ほども述べたように短期間で一気に増えていくのですが、当然ながら担当は基礎自治体なので各市区町村と相談して進めます。そこで、僕らが物件を見つけて作ろうとした際に、東京都の建築物バリアフリー条例に直面しました。この条例を遵守しようとすると、マンションの一室などで運営する小規模保育という形態にもかかわらず、トイレをバリアフリー化、つまり「誰でもトイレ」にしなければならないのです。マンションの一室でどうやったら設置できるのか。過剰規制の典型事例だと思います。

八田　手すりなども付ける必要があると。

駒崎　そうそう。第1に、小規模保育所では障害のある方はトイレを使いません。保育士さんにそうした方はいませんし、障害児を預かる場合でも保育士さんが面倒をみますから、普通のトイレで問題ありません。親御さんが障害を持つ方で、保育所に来た際にトイレを貸してほしいと言われることはあるかもしれませんが、通常はあまりないケースです。

八田　誰でもトイレを作る業者にとってはよいでしょうが。

駒崎　それで、この規制はおかしいと説明して、変えるように提案しました。すると、この件は国でなくて都の規制の問題であり、それを基礎自治体が遵守しようとしている形なので、都側に小規模保育については建築物バリアフリー条例の適用を除外する旨の通知を出してもらうことで決着がつきました。

特区は国の規制を突破するものですが、規制自体は重層的で、国のレイヤー、都のレイヤー、基礎自治体のレイヤーとさまざまです。このときの規制は都のレイヤーでした。だから都に話をして、都の上乗せ規制の適用を除外するという形で進めてもらう必要がありました。

4　病児・病後児保育の改革

八田　それでは次に、病児・病後児保育の改革についてお伺いします。

駒崎　子ども・子育て支援新制度の限界でもあるのですが、一般の待機児童対策に比べて病児保育や障害児保育などの「多様な保育」と言われる領域では、量拡大の施策が実はあまり進んでいません。

病児保育では往診という医療の話が関係してきます。通常の病児保育は小児科のそばでお医者さんが近くにいてやっているのですが、僕らの訪問型病児保育は保育士が子どもの家に行きます。お医者さんが近くにいるわけではないので、質の管理が結構大変です。そこで僕らは、お医者さんを雇って往診するサービスを付けました。これにより適切にリスクマネジメントができるようになりました。しかしその往診に対して、規制があることがわかりました。お医者さんの本拠地から往診先まで16㎞以内でなければ保険給付の対象とならないという謎の規制です。

この16㎞はなぜですかと、厚労省に聞いたのですが、「いやあ、理由はちょっとわからないですね」という反応が返ってきました。僕らも理由を調べようとしましたが、あまりに古くからある規制なのか、理由を確認することができませんでした。

八田　自転車、あるいはスクーターでの往診が想定されていたのですかね。

駒崎　昔は、行ける範囲の限界がその程度の距離だから、そう設定すれば食い合いもないだろう、ということだったのでしょうかね。でもいまの時代、お医者さんはそんな形でやってきません。通常は患者さんの方が病院や診療所へ行きますし、往診は介護も必要とされる場合がほとんどで、そういう場合は介護と組み合わせて在宅医療のような話になります。お医者さんの縄張りなんていう話はないのに、ルールだけ残ったという状況でしょうか。

この規制があると訪問型病児保育を16㎞より先へ広げることができないので、この規制を見直してほしいと特区で提案しました。それで2015年6月、例外的に病児保育等のときは16㎞を超える往診も認めるという形で、訪問型病児保育の可能性を阻む規制を突破することができたんです。

5　医療的ケア児のための保育

八田　次は医療的ケア児の保育について、お伺いしたいと思います。

駒崎　まずはそれと微妙に関連する、保育士配置の話から始めます。認可保育所は、朝夕は必ず2人以上保育士を置かなければならないという規制がありました。

八田　それ、ありましたね。うまく改正できたんですよね。

駒崎　従来は、子ども1人の場合など、配置基準から算出される保育士の人数が1人となるケースでも、少なくとも保育士を2人以上置かなければならないという規制でした。これが、2016年4月からは保育士は1人でもよいことになりました。

八田　これは全国区の制度になったんですよね。

駒崎　そうです。これはいろいろな人が同時に提案してくれたみたいです。今は、医療的ケア児の保育の問題について議論しています。最近は医療的ケアを必要とする子どもが増えていて、10年前の約2倍になっています。[2]周産期医療の発達により、昔だったら未熟児で亡くなっていた子どもが多く助かるようになりました。しかし、そうした子どもたちが生きていくためには、医療デバイスが必要となります。

医療的ケアを必要とする子どもたちは呼吸器や胃ろうカテーテルなどといったデバイスを付けますが、そういう子どもたちが保育所に受け入れてもらえない問題があります。看護師さんがいないから、いたとしてもどう対応すればよいかわからないからという理由で、受け入れ先がほとんどありませんでした。そこで、僕らは医療的ケア児のための保育所である「障害児保育園ヘレン」を作りました。これは僕らが自主的にやってモデルを作っているものです。

これで今まで働けなかったお母さんが働けるようになってよかったと思ったのですが、その子どもたちがヘレンを卒業して小学校あるいは特別支援学校に通うことになると、今度は学校から「医療的ケアが必要だからお母さんも付き添いで来てください」と言われてしまうのです。看護師がいるじゃないですかと言っても、「駄目です、お母さんもいてください」と。学校はガチガチです。

普段は訪問看護師を利用して医療的ケアの提供を受けている家庭が、学校でも看護師が子どもに付き添ってもらえれば、親はフルタイムで働くことができます。実際にこれができればよかったのですが、健康保険法88条で訪問看護師は「居宅」に行くものと定められているんです。これに従うと、学校に訪問看護師が行くことはできず、保険が適用されません。すると、月々30万円ぐらい払えばその看護師は雇えるかもしれませんが、そんなことは不可能な家庭がほとんどです。結局は、学校で訪問看護師を使えない問題が立ちはだかってくるのです。

そこで僕たちは特区や「規制のサンドボックス」で、子どもに学ぶ権利があることは憲法で保障されおり、それが義務教育だという方向から意見を出しました。親は子どもを学校に行かせる義務があり、子どもは学校で学ぶ権利があります。それを合わせたのが教育権であり、教育を受ける権利、教育を受けさせる義務は憲法で規定されているものです。健康保険法という下位の法律が憲法の規定を妨げるのは違いますよね。子どもは居宅だけで生きているわけではなく学校も生活圏なので、学校も「みなし居宅」として訪問看護師の付き添いを認めるように申し立てています。

そうすれば、医療ケアが必要な子どもたちも学ぶことができます。もし、その子どもたちが教育をほぼ受けられないまま社会に出ることになれば、支援のために多くの公費が必要となります。しかしきちんと教育を受けていれば、自分で仕事をして生活できるだけでなく、税金を納めることもできます。一時的には支出が増えるかもしれませんが、将来も視野に入れれば、子どもにきちんとした教育を受けさせるのは大きな投資だと主張しています。

このように、特区で居宅縛りを外してほしいという提案を出したのですが、厚労省からは「これは健康保険マターで、厚労省だけではなくて保険者や、中医協で決めるべきことなので、モデル事業で勘弁してください。実験的にモデル事業として訪問看護師が学校に行ってみてどういう結果が出るのか、エビデンスを出していきましょうよ」という回答が返ってきました。それで、何も取れないよりはマシだと思い、まずはモデル事業から始めることにしました。

モデル事業ではよい結果が出ました。第1に、訪問看護師が学校に行っても、学校側のオペレーションには何の問題はありませんでした。加えて、子どもたちは親と離れる時間が持てて、すごく喜んでいる。親とずっと一緒というのも嫌ですからね。友だちと話す回数も増えましたし、もちろん親の負担も減りました。このように、みんなにとってよい結果が出たんです。だから、これを受けて次の一歩に進んでほしいと提案しようとしているのですが、特区の反応が芳しくなくて、現状は少し微妙な状況です。かつての特区の勢いが早く復活してほしいと強く思っています。八田先生もぜひお力をお貸しください。

八田　これを進めるには根気と情熱が要りますよね。最低限、全額の30万円でなくてもある程度のお金を補助するという方向での提案もありうるのかもしれません。

駒崎　そうですね。保険が使えれば自己負担は一部で済みますし、保険が適用されなくても何らかの補助が別にあれば現状を改善できます。とにかく、親が仕事を辞めるか子どもが教育を受けないかの2択を迫られている現状は、何とか変えたいと思っています。

八田　親御さんの働き方支援として、訪問看護師の派遣に対する補助金を健康保険以外のところに訴えるのも1つの手段かもしれませんね。

駒崎　そうですね。そういうからめ手も考える必要があるかもしれません。

6　重大事故データベースと居宅訪問型保育

■重大事故データベースの整備

八田　最後に、子ども・子育て会議で議論されたことで、他に強調したいことがあれば教えてください。

駒崎　1つ重要なこととして、保育の重大事故データベースを作ることを強く提案しました。その結果、「特定教育・保育施設等における事故情報データベース」という形で実現し、2015年から公開されています。今までは保育所で子どもの死亡事故やその他の自己が起きても何の検証もされてきませんでした。やはり、重大事故はしっかり検証して再発を防ぐことが何より重要です。

八田　データベースのようなものは、認可も認可外もなかったのですか。

駒崎　これまでは認可保育所のものですら存在しませんでした。もちろん、認可外はまったくありません。

八田　そのデータベースがカバーしている範囲は、どこまでですか。

駒崎　認可までです。認可外も報告義務ができたので以前よりはマシですが、データベースは基本的に認可しかカバーしていません。自治体ごとにばらつきはありますが、認可でも死亡は結構起きているのが現状です。こうした経緯があり、データベースが公表されるようになりました。

八田　これも重要な動きですね。

■居宅訪問型保育の創設

駒崎 あと居宅訪問型保育という、保育士が子どもと1対1で、家で面倒をみるという形の保育が可能になりました。ベビーシッター業界からはシッターにお金を出せという主張がありましたが、そうではなく、今の保育の枠組みでサービスを受けられない子どもがいるから狭く深くしようという意図です。これにより、医療的ケア児などの家に保育士ががっちり8時間行けることになりました。薄く2時間のベビーシッターなどではなく、がっちり1日8時間、週5日行ける仕組みができたのです。他にも動きはいくつかありますが、特に重要な点はこの2つです。

八田 こちらも非常に大きな改革ですね。

注

1 2018年度現在、保育士試験は筆記9科目、実技3科目で構成されており、筆記試験のすべてに合格した者が実技試験を受験する。

2 医療的ケア児の人数は2005年の9403人から2015年には1万7078人へと増加している（厚生労働省資料「医療的ケアが必要な障害児への支援の充実に向けて」2017年10月16日）。

第3章 民間事業者から見た保育政策のあり方

◎ゲスト

西村孝幸

社会福祉法人みんなのおうち 理事長

Takayuki Nishimura

2002年に認証保育所を設立。2015年4月、社会福祉法人みんなのおうちを設立。2011年5月より墨田区区議会議員を2期務めた。

インタビュー収録日: 2015年9月24日

待機児童解消に向けて、保育所や保育士の量の拡充と質の向上に向けた改革が急速に進められている。こうした中で、実際に保育所を運営している事業者は、どのような問題意識を持っているのか。本章では、有限会社の認証保育所を10年以上経営し、2015年4月から社会福祉法人立の認可保育所をスタートさせた西村孝幸氏（社会福祉法人みんなのおうち理事長）より、民間視点から見た保育に関する諸問題についてお話を伺った。

1　保育政策の現状と課題

八田　西村さんは、東京都で有限会社の認証保育所を10年以上経営した後、2015年4月から社会福祉法人を設立されたのですね。

西村　そうです。もともと私は、墨田区の小さなアパレルメーカーの3代目経営者でした。結婚して娘が生まれましたが、娘が待機児童になってしまい、自分自身でできることは何かと考えた結果、保育所を立ち上げようと決意しました。最初は墨田区などに相談しましたが、「なかなか保育園は作れませんよ」といわれました。

ちょうどそのときに、東京都に認証保育所という制度があると伺い、都に相談に行ってみました。そして、認証保育所なら作ることができるかもしれないということで、2002年に認証保育所を始めました。

八田　認証保育所を始めたときには、保育士不足は今ほど深刻ではなかったのですか。

西村　まったくつてがなかったので、知人やハローワーク、近所で保育士の方を知っている人にお願いして募集しました。ただ当時は、今ほどは保育士が不足している状況ではなかったため、募集すれば何人かは来ていただける状況でした。設立当時は本当に小さな保育所で、保育士5、6人から始めました。

八田　認証保育所の経営者は保育士である必要はないのですか。

西村　はい、そうです。私が経営者となり、園長は別の方にお願いして、認証保育所を14年ほど経営してきました。その間、かなり地域に根差した保育を意識してきたこともあって、入所希望が増加し、次第にどのように拡大していくかということを考え始めました。

それまでは有限会社という形で認証保育所を運営していたため、有限会社のまま認可保育所に移行するなど、いろいろな方向性を考えました。その過程で、外からでは社会福祉法人の役割がいまひとつ見えず、社会福祉法人にも課題があるという話も聞いていたので、ならば自分が当事者になってやってみようと考え、社会福祉法人への移行を決めました。したがって、生粋の社会福祉法人ではありません。

八田　移行しなくても、社会福祉法人と有限会社などの営利法人との違いを比較することはできると思いますが、なぜご自身が移行する決意をしたのですか。

西村　それまでの認証保育所の運営を通じてノウハウが蓄積されているので、それが社会福祉法人でどのように活かせるか、社会福祉法人と有限会社、株式会社との違いは何かを考えながら経営していきたいという思いがありました。

■1、2歳児保育の枠の確保が重要

八田　西村さんが最重要だと考える待機児童対策は何でしょうか。

西村　現時点で最も重要なことは、1、2歳児保育への枠を増やすことです。育児休暇や有給休暇をそれなりにとれる体制ができあがってきたため、0歳児保育は家庭でやりやすくなりました。一方、3歳児以降の待機児童はほとんどいません。3歳になると、幼稚園という選択肢が出てくることも要因の1つです。したがって、現在のニーズは0歳児だけでなく、1、2歳児保育にあります。

もう少し具体的に言いますと、1歳児になるとなかなか入園しにくいので、本来は育休があってできれば育休期間は自宅で育児をしたいのだけれど、0歳児の時点で入園しないと保育園に入れないかもしれないという不安から、0歳児時点であえて申し込むという現実があり、安心して育休がとれる状況にはなっておりません。

八田　1、2歳児に比べて、0歳児は手がかかるのではありませんか。

西村　はい。0歳児には子ども3人に対して保育士1人ですが、1歳になれば子ども6人に対して保育士1人と負担も倍違います。保護者の方にとって1歳からでも安心して入れるのであれば、待機児童問題は、解決に向けて大きく前進すると思います。

八田　ということは、1歳からしか受け付けない保育所があれば待機児童問題は解消するはずですね。今はできないのですか。

西村　できます。1歳からの（0歳児クラスのない）保育所は、墨田区内にもあります。私どもへの問い合わせも、最近では1歳の4月から入りたいという要望が多いです。しかも、先ほどもお話しした通り、職員配置基準が3対1と6対1であり、財政的にも1歳からの方が負担は少ないです。
その一方で、墨田区の場合、一定の要件を満たし、産休明けなど0歳から預かると上乗せの補助金が出ます。経営の安定性などを考えると、一般的には0歳児をやる方が有利になることが多いと思います。つまり、今までは政策的に0歳児から預かる方向に誘導していたのです。

八田 それはなぜですか。

西村 かつての右肩上がりの経済では、1歳を過ぎてもすぐ職場に復帰せず、そのまま離職してしまう女性が多かったという事情があったので、おそらく政策的に0歳児保育に誘導していったのだと思います。また、従来型の行政の子育て施策では、0歳児保育をすることが子育てに手厚い行政といったイメージがあったため、今まで0歳児保育を丁寧にやってきた事情があります。
ところが、時代が変わってきて、就労支援の施策が充実し、育児休業が取得しやすくなってきて、0歳児保育は家庭でもできるようになりました。

八田 時代が変わった以上、現在では、1歳児からの保育を基本とすべきなのですね。その上で、0歳から保育所に預ける低所得者には補助金を出し、高所得者には自己負担をしてもらえれば対処できます。

西村 そうですね。0歳児については、さまざまなニーズを持った保護者がいらっしゃいますので、一概に割り切るのは難しいかもしれません。しかし、1歳児の枠を増やして「1歳児でも安心して入れるのだから休もう」といった誘導をすれば、それを利用したいと思う保護者の方も多いのではないかと思います。

重要なことは、1歳からでも十分な定員枠が確保できている、あるいは焦らなくても入れる仕組みを作ることです。これから保育所を新設する、あるいは定員を増やす場合、1歳からの保育所を増やす方向になるとよいと思います。

八田　つまり、保育所に対する補助金の規定を改定して、0歳児への補助率よりも1、2歳児への補助率を増やした方がよいということですね。

西村　そうですね。これから保育所を新設するときには、1歳児からでも安心して入園できて、安心して経営ができることが大事だと私は考えています。

八田　なるほど。ところで、1歳児からの保育所は、従来の補助金だけでは足りないのですか。もう少し手厚くすべきですか。

西村　認証保育所をやっていた立場からすると、まかなえないことは多分ないと思います。ただ、保育所が今後拡充される中で、0歳児保育のメリットを少し減らしてでも、1歳児保育のメリットを上げるべきです。そうすると、事業者側も1歳児保育にシフトしていくのではないかと思います。

保育は、従来は福祉政策としての側面が強調されてきましたが、現在は育休制度の充実との関係も含め、労働政策としての側面が大きくなってきており、その綱引きだと思っているのです。労働政策によって、保護者の手元で0歳児を育てられる環境が整いつつあるのに、保育所は1歳になってしまうと入りづらくなるため、0歳から入れなければいけない。この2つの政策の調整がうまくいっていないために、資源が浪費されているのです。

八田　わかりました。これはきわめて重要なことですね。

2　営利法人と非営利法人の違い

■株式会社の利点と課題

八田　次に、株式会社などの営利法人と社会福祉法人などの非営利法人との違いについて伺いたいと思います。まず、営利法人の利点と問題点は何でしょうか。

西村　まずは利点についてですが、事業の立ち上げ期のように、トップのリーダーシップによって事業を引っ張る時期は、株式会社などの営利法人に優位性があると思います。ＮＰＯや社会福祉法人では、理事会を経た上で意思決定していくのに比べると、スピード感や、それに基づくスケールメリットを享受しやすい利点はあるのだろうと思っています。

次に問題点は、①補助金を株式などの配当にしてよいか、②株式会社が倒産したときにどうするかです。この2つは、株式会社参入に関する懸念としていつもいわれることです。認証保育所の場合ですが、現在は待機児童はたくさんいるため、子どもが集まらないことが原因で株式会社立の保育所がつぶれることはありません。問題は、保育以外の事業が要因で、急につぶれてしまったときにどうするかです。

解決策は、補助金の使途を運営会社の本部と保育の事業所分に明確に会計分離することです。今は、国や自治体が本部に一括して補助金を出して施設を運営していますが、その使途を本部と事業所とで明確に分離すれば、万一、本社機能がうまくいかなくなっても、保育所だけを切り離して、他に運営を任せられるのではないかと思います。

八田　会計分離することで、仮に倒産になった場合でも、保育事業を切り離して、売却できますから、子どもや保護者への影響を最小限にすることができますね。

西村　そうです。保育所の施設運営に関わる最低限の部分は担保する。会社整理に入っていても、事業は継続できる状況を作り、その後は他の社会福祉法人や株式会社が引き受ける。そうすれば、倒産したらどうするかの議論が終結できるような気がします。

八田　なるほど。そこは1つの肝ですね。

■社会福祉法人の役割とガバナンス

八田　次に社会福祉法人の役割について、西村さんのお考えをお聞かせいただけますか。

西村　うちの法人は、社会福祉法人としてまだ何か成し遂げたわけではないのですが、やはり「地域とのつながり」は、社会福祉法人の大きな使命だと思います。保育などのコアな事業については、営利法人・非営利法人の違いに関係なく、どのような設置主体であってもしっかり運営していかなければならないのが現在のルールです。その上で、家庭保育支援のように、数字に表れにくい地域における保育事業周辺のことを社会福祉法人が担っていければ、社会福祉法人不要論などに対抗できるのではないかと、私自身思っています。

八田　社会福祉法人不要論への対抗の鍵は、「地域とのつながり」ですか。

西村　そうです。地域事業は重要だと思っています。たとえば、最近、近くにマンションができて、新しいファミリー層が入ってきています。そうしたときに、私はこの地域の子育て事情についての説明会を企画し、開催するようにしています。その中で、地域の町会・自治会についても紹介しています。結果的に、参加者の中で町会に加入していただけたということがあります。つまり、私どもの保育所に入っていただくために行っている活動ではないのです。このようにお金や利益などを目的とせず、専門領域の知識を生かして地域に還元できるような活動を意図しています。こうした活動も、社会福祉法人の役割の1つではないかと今のタイミングでは考えています。

八田　西村さんのところのように良心的な法人はよいですが、通常の社会福祉法人にそうした活動をするインセンティブはあるのでしょうか。

西村　その意味で、社会福祉法人では情報公開が大事だと思っています。加えて、第三者評価も重要です。

八田　しかし、地域事業をやらないときに、どのようなプレッシャーがかかるのでしょうか。やらないからといって、社会福祉法人をつぶすわけにはいきません。

西村　確かに、そのような理由で社会福祉法人はつぶせません。

八田　株式会社や有限会社など営利法人ならば、いろいろな手段で市場から退出させることができますが、よほどのことがない限り社会福祉法人は退出しません。ここが大問題なのではないですか。

西村　そうですね。そもそも、社会福祉法人は慈善事業としてスタートした制度だと思うので、基本的には性善説に立っています。その中で、ごく稀に善人ではない人たちが混ざっているということなのかもしれません。

八田　あるいは、善人が悪人に変わることもありますよね。経営者がずっと同じとは限らないですから。社会福祉法人にも、ＰＦＩ（Private Finance Initiative）のような新しい考え方を取り入れて、入札していくのも１つの手かもしれないですよね。

西村　社会福祉法人のガバナンスを強化する社会福祉法改正案が衆議院を通過し、２０１５年現在、参議院で審議されています[1]。これが成立すれば、社会福祉法人のガバナンス強化が一歩前進します。

八田　この法案の大きな改正点は何ですか。

西村　今までは理事会が経営の中心でしたが、理事会を執行機関いわゆる取締役会として位置づけ、追認組織であった評議員会による監督を強化し、株主総会のような位置づけとなります。内部統制や外部からの経営の監督を強化するのが大きなねらいです。その上で、あとは財務諸表などの情報公開によって透明性を担保すべきだと思います。要は、理事会だけで意思決定するのではなく、きちんと牽制機能を働かせようというのが、今回の改革の大きなところだと思います。

八田　まずはガバナンスを強化し、財務諸表などの情報公開を徹底してから議論しましょうという話ですね。しかし、退出を促す仕組みの意味では不十分です。

西村　退出ルールの整備は、次の段階になると思います。まずは土台として、皆さんが共通の尺度で評価できるようになることだと思います。

八田　これはお立場上言いにくいかもしれませんが、今回の改革で不十分なところは、将来どのようにしたらよいですか。

西村　通常の民間の経済論理では、サービスの質が低下していくと、よくないサービスのところは利用者が減ります。しかし現在はサービスの質が低くても利用者が減らないため、事業を継続できているわけです。

今はどこも100%に近い稼働率ですが、待機児童問題が解決したときに、長期的には子どもの数が減るため、損益分岐点を下回る稼働率の保育所が出てくるはずです。社会福祉法人や株式会社など法人の種類に関係なく、定員割れの保育所が出たときに、どのようなアクションを起こすかが次の焦点だと思うのです。

八田　今はそのような保育所がスムーズに退出していくプロセスはないのですか。

西村　はっきりとはないのです。たとえば、定員の6割の子どもしか集まらずに保育所の運営が難しくなった状況で、その6割の子どもたちを誰がどのように受け入れるのかという問題があります。さらに、そもそも保育所のニーズがこの地域にないのか、あるいは法人そのものに問題があるのかといった、定員割れが発生する要因の検証もあまり議論されていません。現状では、とにかく待機児童を減らすことだけが議論されていますが、その次のステップとしては、株式会社だけでなく社会福祉法人も含めた円滑な退出のルールを考えていく必要があろうかと思います。

八田　これは、おそろしく難しいですね。退出のルールに関して、従来の社会福祉法人の多くは、他人が土地を寄付していましたが、西村さんの運営される小梅保育園ではどうされていますか。

西村　土地を借りて、建物は社会福祉法人が建てました。現在は、土地や建物を借りる場合、有償で貸与を受けてもよいことになっています。

寄付は1カ月分の運営費プラス法人事務費程度と施設整備費用の自己負担分でそれほど多くなく、

最小限のレベルを寄付しました。

八田　そうなのですか。今の社会福祉法人は、昔とずいぶん違いますね。

西村　今は、必ず土地を持っていないといけないというルールではありません。有償や無償などの場合がありますが、一定の条件のもと、貸与を受けたり、定期借地したりすることができます。また、やめるとなれば国庫に渡すか、どこかの社会福祉法人に引き取ってもらうかです。加えて、2015年7月に成立した改正国家戦略特区法によって、都立公園内における保育所の設置が解禁されましたね。

新たに社会福祉法人を設置する場合、建物だけを自分で用意すればよいのであれば、それほど難しくはありません。

八田　建物だけなら随分楽になりますね。

西村　特に、都市部で保育所を新設する場合、最初から寄付や自前で土地まで用意するのは、なかなか難しいと思います。

八田　そうであれば、退出のルールも作りやすくなりますね。待機児童が解決した後、地方や東京でも定員割れする保育所が出てくると思いますよ。

西村　そうしたときに、子どもたちや保護者に不利益にならないように、きちんとした退出のルールを作ることが非常に大事になってくると思います。保育はまだ参入障壁が高いうえに、一度入ったら退出しにくい業界です。待機児童解消の次の段階では、市場への参入と退出のルールの整備が課題になるでしょう。

■公立保育所の役割

八田　それでは、今度は公立保育所の役割についてお話しいただきたいと思います。

西村　これまでは、主に民間のお話をしましたが、公立には公立の役割があると私は思っています。

２０１５年現在、墨田区では社会福祉法人自体は、規模が小さいところが多いですが、公設公営は22園あるので、民間保育所で何か問題が起こっても、一時的に公立保育所に子どもを預けることができたり、逆に民間保育所から公立保育所に先生を応援に出せたりします。特に、大規模な感染症が流行ったときなどには、本当の意味でのセーフティネットとして公立保育所が必要なのだと思います。

八田　公立が緩衝的役割を果たすのですね。

西村　保育のコアの部分は株式会社などの営利法人も含め多様な主体が担い、その周辺を社会福祉法人など非営利法人が担い、最後のセーフティネットを公立が担うといった階層構造を作ることが大事かと思います。

八田　障害児などの特殊な子どもへの対応は、公立の役割になるのですか。

西村　そうですね。たとえば、障害児にも身体や精神など分類が非常に難しい側面があるため、公立の役割は大きいです。ただし、きちんと補助を付けて、障害児１人に保育士１人付けるぐらいの手当てをした上で民間に預けることもできると思います。

八田　公立、民間どちらもありうると。

西村　はい。社会福祉の中では、すべての人々を孤立や孤独から援護し、社会の構成員として支えあうソーシャル・インクルージョン（社会的包摂）といった理念が世界的に普及しています。そういった中で、どのような子どもも一緒に関わる機会を作ることは重要です。どこの施設に入所するとなっても、適切な補助などで担保していく方が理にかなっていると思います。

八田　なるほど。まず、公立は、インフルエンザのような感染症にも対処できるように、セーフティネットとしての役割が重要である。障害児保育については、適切な補助を付けることで民間でも預かることができるようにする。

西村　ところで、２０１５年９月に墨田区にある22の公設公営保育所について、そのうち12カ所を思い切って民間に譲渡する、もしくは指定管理にして社会福祉法人なりに渡すという決定をしました。[2] 残りの10カ所は、各中学校区域に１つ程度ずつ残して、これを基幹園として、いわゆる地域のフラッグシップの保育所を作ることにしています。そして、基幹園を中心として、エリアの中にある株式会社立も含めた私立保育園も一緒に、公私が連携して墨田区の子育て家庭を支援するネットワーク化を図ろうとしています。[3]

八田　民営化されたら、公務員ではなくなるため、お給料が下がってしまいませんか。

西村　民営化された園は、指定管理者となった社会福祉法人等の民間の人材が担うことになります。

3　保育士不足対策

■保育士育成カリキュラム

八田　保育士不足対策として、保育士育成のカリキュラムについて伺いたいと思います。保育士になるために、今は養成校の2年間でさまざまな知識を教えていますが、もう少し短くすることはできないでしょうか。

西村　正直に申し上げると、雇う側から見て、新人の保育士を採用した段階で、いきなり即戦力という訳にはいきません。保育士資格を持っていても、現場で2、3年の実務を経験して、やっと一人前になっていきます。つまり、本当の意味で一人前になるまでには、養成校での2年間、保育所での2、3年間の合計5年程度はかかるわけです。ＯＪＴ（オン・ザ・ジョブトレーニング）が大切な業界のため、養成校を卒業しただけでは不十分です。仮に、一人前の保育士になるまで5年かかるとしたら、この5年の期間をどのような内訳で過ごすか検討の余地があります。たとえば、養成校で最低限の基礎カリキュラムを1年間受けて、その後、研修期間中の先生として保育所で実務を一定期間、4年間の中で経験するといったことができればよりよい養成環境になると思います。

■保育士に必要なスキル

八田　保育士になるためのスキルとして、絶対に必要なことは何ですか。

西村　コミュニケーションをする力が最も大切だと思います。具体的には、もちろん子どもたちとのコミュニケーションもありますが、保護者の方などと話すときに必要になる社会的な素養です。保護者は、社会の荒波の中、第一線で活躍している方たちなので「こんなことも知らないの?」と思われると、「この保育所に預けていて大丈夫?」と疑念を持たれてしまうことにつながりかねません。

八田　座学としては何が最低限必要なのですか。

西村　やはり、子どもの発達や成長を見る知識（保育原論のような部分）は不可欠です。また、実務的な観点では、保健衛生や児童心理などは知っておくべきです。

それと、まとめる力が必要ですね。自分自身のマネジメントに加えて、クラス運営のためのマネジメント能力が求められます。

八田　なるほど。

4　保育行政の課題

■保育所運営における行政の役割

八田　保育行政において、他に重要な論点は何だとお考えになりますか。

西村　行政としては、保育中に何か大きなトラブルがあったときに管理責任等が出てきますから、どのような業態であれ、子どもを預かる部分の最低限の安全性はクリアしてもらう必要があると思うのです。

八田　それは、補助があるかどうかにかかわらず必要ですね。

西村　そうです。補助がなくてもやるべきだと思います。安心がまず全施設で担保された上で、あとは保護者の選択に委ねる方がよいと思います。

八田　情報公開の義務づけは、クオリティ・コントロールの前提ですね。今までは、補助していない小規模保育所は、情報公開の義務づけがなかったために、ほとんどクオリティ・コントロールされていない状態でした。

西村　そうですね。認可保育所の縛りに比べて、ずいぶん差があったと思います。ベビーホテルなどでも、優劣があると思います。

八田　そうですよね。保育所の評価に関する情報公開は、きちんと官が資金を掛けて整備すれば、質の高い保育所が選択されていくことになりますね。

■バウチャー適用の実態

八田　情報公開はバウチャー導入の前提でもありますね。

西村　先ほども強調しましたが、子どもたちの安全が担保されることを前提とするならば、情報公開を徹底した上で保護者の選択に任せるべきだと思います。そうすると、施設利用者に対するバウチャーが広がっていきます。あとは、一時的に子どもを預ける施設など、保育所の利用以外でもバウチャーの使い方の選択肢を増やしていくことが１つの課題です。

八田　昼間に働いている方たちの子どもを預かる保育所以外に、たとえば夜間に働く女性向けに、夜間専門に預かる保育所や、短時間に預かる保育所など、さまざまなニーズがあると思います。こういったニーズに対して、バウチャー型で一定の補助をその親に与えることができるようになりましたね。

西村　２０１５年度4月から施行された「子ども・子育て支援新制度」[4]で小規模保育が市町村の認可事業として位置づけられるなど、かなりニーズに対して柔軟になりましたね。小規模保育所も補助できるようになりました。[5]形はどうあれ、１つの考え方として、一応は保護者に補助する形になったのはよいことで、このような流れになるべきだと思っています。その上で、保護者が選択した施設に補助を出すことになると、保護者への直接補助と質的に同じになります。

八田　認証保育所は、施設に補助が出ないと従来からいわれていますが、これもかなり改善されたのでしょうか。

西村　かなり改善されました。認証保育所そのものは、子ども・子育て支援新制度の枠には入りませんでしたが、自治体が認証保育所を支援していますので、楽にはなっていると思います。

八田　枠に入れなかったというのは、どういうことですか。認可でなくても、施設に対して家賃補助、あるいは償却補助のようにバウチャー的なものが出るようになったのではありませんか。

西村　子ども・子育て支援新制度では、認証保育所は補助の対象ではありません。[6]認証保育所が小規模認可保育所などに移行すれば、地域型保育給付の対象となり、補助が出るのですが、現状では国の制度の枠外なのです。認証保育所は、東京都と国との綱の引っ張り合いで、東京都は国の制度に組み込むことを要望しましたが、国は制度外を主張しました。結局、認証保育所のままでは子ども・子育て支援新制度としての補助が出ないので、国の認可事業に移行することで決着しました。

八田　それはひどい話ですね。認証保育所では保育士は保育従事者の6割でよいですが、認可保育所になると10割とする必要があります。したがって、今回の新制度によって、認可保育所に移行する保育園が増加したら、保育士不足が加速するのではないですか。

西村　そうですね。今は認可化に誘導しているのは事実です。ただでさえ保育士が集まらない状況ですから、より一層、保育士を集めることが1つの課題になってきています。

八田　こちらの保育所が認証保育所から認可保育所に変わったのは、子ども・子育て支援新制度への対応という側面もあったのですか。

西村　結果的には、そうですね。ただ、最初はそういうつもりで認可にしようと思ったわけではなく、私自身、保育にいろいろな制度的課題があると思っていますので、さまざまな制度を自身で体験しようという考えがありました。

■低所得者支援とバウチャー

八田　低所得者への保育料の補助制度、たとえば自宅保育に対するバウチャーについてはどのようにお考えですか。

西村　2015年時点で、墨田区における保育料の利用者負担額は、非常に細かく26分類になっています。また、所得分布の状況は、高所得者層と低所得者層が多く、真ん中が少しくぼむM字型になっていると聞きました。
そういった中で、低所得者の方々について経済的な観点のみからの話をしてしまうと、コスト面だけを考えたら保育所にかかる分をいっそ家庭に支給し、家庭で子育てをしてもらった方が合理的ではないかという、きわめて乱暴な議論になってしまいます。それをあえてコストをかけてでも子どもの育ちの視点から保育所で引き受けることの意味を伝え、コンセンサスをどのようにとっていくかがポイントだろうと思うのです。

八田　では、家庭保育への直接補助と保育料への補助を選択可能にするのはいかがでしょうか。

西村　私はあるかもしれないと思っています。本当は家庭で育てていきたいけれど無理して子どもを預けている方々と、家庭と仕事を両立したくて子どもを預けている方々とは、少し支援の仕方は違ってくると思っています。そういう多層な補助の形があることによって、結果的に待機児童が減る可能性もきっとあると思います。

八田　家庭に直接給付すると、親は保育以外にお金を使ってしまうという批判がよくあります。しかし、たとえば、家庭保育への給付額は、保育所を利用する場合の3分の2に減らして、将来子どもが大学や専門学校に進学したときの学費として引き出すことができる、ということにするのはいかがでしょうか。

西村　それはいい考えですね。

■保育制度における規制改革

八田　保育制度に関して、さらに規制改革が必要だとお考えの点について、ご指摘ください。

西村　まず、利用者が認可保育所と直接契約できるようにする道を開くことです。現状は待機児童がおり、どの保育所も門の外に子どもたちが並んでいる状態ですから、直接契約がなかなかできない状況です。ただ、待機児童が減って、定員が空いてくれれば、利用者に選択の余地が生まれ、結果として直接契約に近い状況が生まれてくると思います。認証保育所で直接契約を経験した立場から、保護者自身にも選んだという責任と自覚が生まれます。

現状、認可保育所のみを希望する場合に、あまり希望していなかった保育所にしか入れない可能性があります。認証保育所の場合は、認可に入れなかったにしても、いくつか保護者の目で見た中で選んだという意味で、保護者との距離感が近くなります。最長で小学校入学までの6年間お付き合いしていく園、また、ご兄弟がいらっしゃれば10年近くお付き合いしていく園ですから、保護者と保育所側が良好な関係を築くことも、子どもにとっての幸せになります。

八田　なるほど。他に課題はありますか。

西村　たとえば、休業日の自由化です。ずいぶん前の話になりますが、経営する園の定員が30人ほどの認証保育所だったころ、土曜日に来る子が誰もいなかったので「土曜日を休みにしていいですか」と東京都に聞いたら、その次年度から、土日も開くルールができたということがあったと記憶しています。やはり、限られた労働資源を必要なところに集中的に投資して提供することが重要です。もちろん365日開いている保育所も土日休みの保育所も、いろいろあってよいと思います。

そういった保育所については、補助金や保育料で調整していけば、休業日を自由化できるはずです。

八田　土日は開けなければいけないのですか。たとえば、土曜日は午前中だけなどの自由もないのですか。

西村　ほとんどの自治体が休業日について一定の基準を定めており、原則、土曜日は休んではいけないことになっています。認可・認証関係なく、土曜日も利用があれば、（2時間延長実施園の場合）夜8時近くまでやらなければいけません。休業日は日曜・祝日・年末年始と決められています。しかし、たとえば特定の商業地域などでは、保護者の休みが平日で、土日に預けたい利用者が多いかもしれません。そのようなところは、水曜日を休みにしてもよいと思うのです。

八田　園庭条件は制約になっていますか。

西村　幼保連携型認定子ども園の要件の中には、園庭要件が定められています。小梅保育園の場合は、新設で建物も新しく、教育も一生懸命やっているつもりなのですが、園庭要件が大きな壁になっています。

八田　公園には連れていっているのですか。

西村　公園を園庭の代替地にすることで、保育所としては成立していますが、2015年度以降に開設した子ども園は、原則園庭を設置するという国のルールがあります。やはり、地方と東京では事情が違うので、少なくとも大都市部は少し考えた方がいいのだろうと思います。

八田　地域によって基準を選べるようにしてほしいということですね。

■自治体での先進的取り組み

八田　東京のいろいろな区を見渡されて、非常に革新的なところはありましたか。

西村　そうですね。バウチャーに限っていえば、やはり「子育て応援券」を実施している杉並区が一番に挙がりますよね。実施されてからかなり時間が経っていますので、もうずいぶん根づいてきているのではないでしょうか。

まずは保育の質を担保し、バウチャーの使い道の大所を作った上で、多様な部分を育てていく。それをどこまで自由化するのか、たとえば商店街まで使えるようにするのか、子どものものを買うためだけにするのか、いろいろな考え方はあると思いますが。

八田　他に革新的な試みはありましたか。

西村　出産をすると母子保健の観点から保健師が面談しに行きますが（児童福祉法に基づき全国の自治体で実施されている乳児家庭全戸訪問事業〔こんにちは赤ちゃん事業〕）、稀になかなか会えないことがあります。そうした際に、墨田区では面談するためのインセンティブとして、子育て応援券などを出したりする案が、区議会には上がっていたようです[7]。

都の補助制度として、母子保健の観点から赤ちゃんと保健師がきちんと面談できると、子育てセットや子育て応援券を渡す仕組みでインセンティブを与える。このようなバウチャー的なことが試験的に始められているようですが、それが保育や幼稚園の領域まで入れるかどうかは別です。しかし、少なくとも次第に広がっていくと思いますし、あとはいかに行政コストを掛けずに、バウチャーを渡せるようにするかが大事な視点だと思いました。

注

1 社会福祉法人の経営の透明性向上のため、内部統制や外部の会計士による監督を強化する法案。2015年の第189回通常国会で成立する見込みだったが、安全保障関連法案などの審議に時間がかかり、継続審議となった。その後、2016年3月31日に社会福祉法等の一部を改正する法律が成立した（2017年4月1日施行）。

2 「墨田区保育所等整備計画（平成27年9月）」（http://www.city.sumida.lg.jp/kosodate_kyouiku/kosodate_site/oshirase/seibikeikaku.files/seibikeikaku.pdf）。

3 その後墨田区では基幹園構想をいったん保留し、一時的に待機児童解消策を優先する施策展開を図っている。

4 幼児期の学校教育や保育、地域の子育て支援の量の拡充や質の向上を進めることを目的とした制度。①「施設型給付」「地域型保育給付」の創設、②幼保連携型認定こども園の認可・指導監督の一本化、③地域の子育て支援の充実、④市町村が実施主体、⑤消費税率10％の引き上げによる0・7兆円程度の財源確保といった特色がある。

5 子ども・子育て支援新制度により、小規模保育、家庭的保育、居宅訪問型保育、事業所内保育を新たに市町村の認可事業とし、「地域型保育給付」と位置づけ財政支援の対象となった。

6 認証保育所は東京都の制度であるため、国からの補助金は出ないが、自治体から施設に対して補助金が出ている。

7 墨田区では、2015年11月から「出産・子育て応援事業」を開始し、保健師などの専門職との面談を行った妊婦に対して「こども商品券」1万円分を配布するとともに、保健センターや子育て支援総合センター等と連携し、必要に応じて継続的な支援を行うこととなった。

第II部
自治体による解決の取り組み

インタビュー

聞き手：八田達夫

●第４章扉（鯉渕信也）／第５章扉／第６章扉
［写真提供］公益社団法人経済同友会

第4章 横浜市の保育政策「横浜方式」の核心

◎ゲスト

鯉渕信也

横浜市こども青少年局長
（インタビュー当時）

Shinya Koibuchi

2018年より、横浜市教育長（現職）。

◎ゲスト

金髙隆一

横浜市こども青少年局
子育て支援部保育対策等
担当部長

Ryuichi Kanetaka

2018年より、現職。

インタビュー収録日: 2014年1月20日／2019年2月1日

横浜市は、人口が多い都市部でありながら待機児童ゼロを達成したことから、保育政策の「横浜方式」として多くの注目を集めた。本章では横浜市の保育行政をとりまとめる、こども青少年局長（当時）の鯉渕信也氏にお話を伺った。また横浜市では、その後の状況に対応してさまざまな取り組みが行われている。そこで2019年2月に、新たにこども青少年局子育て支援部保育対策等担当部長の金高隆一氏にも、その後の動向についてお話いただいた。本章は、第1～6節は鯉渕氏へのインタビューに、第7節は金高氏へのインタビューに基づいて構成している。

1　横浜市の保育政策成功の要因

八田　横浜市は、2013年の春に待機児童ゼロを実現しています。ただし、待機児童ゼロの実現が広く日本中に知れ渡ったために、その後申し込み希望者が横浜に押し寄せ、2014年現在では待機児童ゼロではなくなっているようです。しかし、これはむしろ横浜市の保育行政（横浜方式）の成功の勲章です。横浜方式は、日本全体の保育行政のモデルになり続けると思います。鯉渕さんは、林文子市長が推進してこられたこの政策を担当されてきた当事者ですので、今日はその成功がどうやってもたらされたかを教えていただきたいと思います。横浜市の待機児童削減政策が成功した要因は、端的に言って何だったのでしょうか。

鯉渕　いくつかの手段で保育サービスの供給を増やしました。特に認可保育所の増設を強力に推進しました。少し前まで企業立の認可保育所はなかったわけですが、今は新設では半分、総数でも3割まで企業立になりました。待機児童減少には認可保育所の整備が圧倒的に効いたのです。認可保育所ではありませんが「横浜保育室」も増設しました。その他にも「保育ママサービス」（本章4節参照）を拡大するなど、さまざまな供給促進策を講じました。

また、認可保育所への需要の抑制による、需給のミスマッチ解消策も講じました。必要度が高くないにもかかわらず入所を希望しているケースについて、社会的費用がより低い他のサービスを提供したり、そちらに誘導したりという政策を行いました。

八田　それでは、これらの対策を、①認可保育所の増設、②横浜保育室の増設、③その他の保育サービス供給促進策、④認可保育所への需要抑制策に分けて、詳細を伺います。その後で、保育政策への公的補助はどうあるべきかについてもお話いただきます。

2　認可保育所の増設

■市立保育所の民営化による財政コスト効率化

八田　限られた予算で認可保育所を増やすことができた理由は何でしょうか。

鯉渕　「保育所待機児童ゼロ」を公約に掲げて、2009年8月に横浜市長に当選した林市長の指揮のもとで、保育所待機児童対策に予算や人員を重点的に配分することにより、全市一丸となって認可保育所の整備に力を入れて取り組んできたということが大きいと思います。

八田　横浜市では２００４年度から公立保育所の民間移管を進めているとのことですが、企業立や社会福祉法人立（以下、社福立）の民間保育所に比べると公立保育所にかかるコストは、自治体にとって割高だと言われています。公立保育所の児童１人当たりのコストが高いのはなぜなのでしょうか。

鯉渕　大きく2つの要因があります。１つめは制度上の理由で、市立保育所は国からの補助が少なく、自治体の財政負担が重くなっています。２つめは、公立保育所の保育士の平均勤続年数が民間保育所に比べて長く、人件費が高くなっているからです。横浜市の場合は、公立保育所の保育士の平均年齢は約40歳で、民間保育所（社福立認可保育所、企業立認可保育所）の場合は約30歳です。

八田　移管される前に公立保育所で働いていた方は、市内の別の施設に転属されたということでしょうか。

鯉渕　そうです。給与体系が変わるということや、公務員でなくなるということはありません。

八田　公立では定年退職による自然減に加えて、新卒の採用抑制をしているということですか。

鯉渕　民間移管を始めた最初の数年間は新卒の採用を止めていました。しかし今は保育士不足ですから、公立保育所への新卒採用は再開しています。定年退職による自然減というのはありますが、人員の配置転換として別の市立保育所だけではなく、児童養護施設や、障害児施設など、専門的なケアが必要な施設に移ってもらっていたりします。それと女性の比率が高い分野ですから、結婚に伴う退職者は一定の割合でいます。

八田　現在の認可保育所の総数のうち、何割ぐらいが企業立ですか。

鯉渕　２０１４年3月の認可保育所の総数は、民間保育所が４９２カ所で、市立保育所が90カ所なので５８２カ所です。企業立が１５４カ所なので、だいたい26％ぐらいになります。

加えて既存の保育所についても、公立は年間2園ずつのペースで民営化しています。少し前まで年間4園だったのですが、信頼できる運営法人を選ぶためにペースを緩めました。保護者への丁寧な対応が必要となるため、移管は新規設置よりも大変なプロセスになります。これまでの経験をふまえると新しい保育所を作った方が簡単だということになってしまうのです。

八田　民営化に当たって、児童の保護者や公立保育所の保育士の方々による反対はなかったのでしょうか。

鯉渕　保護者からの反対は相当いただきました。丁寧な対応をすることにより、今は大きな問題にはなっていません。しかし、民営化を始めた初年度には保護者を原告団として訴訟になりました。最高裁まで争われたのですが、明確な決着はつきませんでした。その頃には原告団のお子さんが全員卒園なさっていたので、訴えの利益がなくなり、係争としては終息しました。この対応は、市としては非常に大きな負担でした。この反省を活かして、保護者の方々には時間をかけて丁寧に説明をしています。現在では、大きな反対運動などは特にありません。全国から法人を募集し、学識経験者、市民等からなる「法人選考委員会」という外部の委員会で選考された、サービスが水準以上で実績のある社会福祉法人に移管先となってもらっていることが最大の理由だと思います。そうしたことから、保護者の方々にご納得いただいていると考えています。

●道路高架下に設置された屏風ヶ浦はるかぜ保育園
[写真提供：横浜市]

■保育所の立地の工夫

八田　民間認可を増設するにあたって予算の充当以外に苦労された点はなんですか。

鯉渕　保育所は立地がとても重要な要素です。待機児童解消のために早く多く建てればよいというわけではなく、交通の便が悪いところに建てても児童が集まりません。

　用地確保のためにまず、一度は候補から外れた市有地でも使えないか、再検討しました。たとえば道路・鉄道の高架下への設置でうまくいった例もあります。

八田　一般の私有地についてはどうなのでしょうか。

鯉渕　運営をする事業者が自ら用地を確保するというのが通常の流れです。これを補うために、地主と事業者が顔を合わせる仕組みを作って、用地を探す手伝いをしました。保育事業者と土地所有者を公募して、マッチングすることは、非常に難しい面がありました。公募で集まってくる土地は、残念ながら必ずしも保育所を整備したい場所にはなかったり、形が悪かったりということがあります。

　しかしながら、土地所有者は「保育所に用地を提供する」という意思を持って来られる方が多くおられます。そうした場合、ニーズに合わないということにご納得いただかなければなりません。逆に、立地のよい土地の場合は、保育事業者との交渉が進んでいたのにもかかわらず、別の用途に

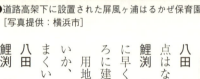

するために取り止めにしたいというケースもありました。そこを懸命に説得して、成果としては、2010年度に7施設、2013年度に11施設をマッチングすることができました。

3　横浜保育室の増設

■0～2歳児にターゲットを絞り、駅近に設置

八田　横浜市では認可保育所以外にも多様な保育サービスを拡充されていますが、それぞれの特徴や現状をお聞かせください。まず「横浜保育室」とはどういった施設なのでしょうか。

鯉渕　自治体が独自の基準を決め、認定をしている保育施設があります。たとえば東京都では「認証保育所」と呼ばれています。横浜保育室は横浜市が認定している施設です。

八田　保育サービスの内容はどうなっていますか。

鯉渕　まず0～2歳児に対象を絞っているのが特徴です。預かり時間については午前7時30分から午後6時30分までの11時間が基本で、場所によっては早朝預かりや延長保育をしています。

八田　職員には保育士資格を求めているのでしょうか。

鯉渕　保育従事者のうち3分の2以上が保育士、保健師、看護師、助産師のいずれかの資格を持つことを要件としています。また施設長は原則保育士等の有資格者であることと調理員の配置も要件です。

八田　無資格の方も保育従事者になれるというのは大きいですね。次に施設面ではどうなのでしょ

うか。

鯉渕　認可保育所とは園庭の基準が異なります。子どもには発達段階というものがあり、３歳児からは走り回れるようになります。そこで０～２歳児に絞ることで、園庭を必須要件から外してあるのです。結果、園庭のない駅前のビルに入居して整備するといったことが可能になっています。

八田　それは効果的ですね。

鯉渕　はい。駅前の交通の便がよい場所に建てやすい点、ニーズの高い０～２歳児の枠を増やせる点が重要です。年齢別で考えると、育休明けの１歳児から預けたいという方に対する保育枠が不足しています。この枠を拡充することが現在（２０１４年当時）の力点です（その後の状況は、本章第７節参照）。

八田　調理施設についてはどうですか。

鯉渕　その点は認可と同様です。横浜保育室でも同様に自園調理で給食を行っています。

■認可保育所と横浜保育室の料金改定

八田　従来は、補助金の手厚さの違いを反映し、横浜保育室の方が認可保育所よりも料金が高かったと聞いています。その状況で新設の横浜保育室に預けるように誘導するのは難しかったでしょう。

鯉渕　その通りです。料金のバランスのために、２０１２年度に横浜保育室の保育料は、保護者に対して保育料の補助を拡大することで引き下げ、認可保育所の保育料は引き上げました。

具体的には、横浜保育室の保護者への補助金は２００６年度までは０でしたが、その後次第に引き上げた結果、保育料の引き下げが可能になり、現在では横浜保育室の保育料は、5000〜5万8100円の間で料金が設定されています。一方、認可保育所の保育料は、高所得層に対しては大幅な引き上げをする一方、低所得層に対しては小幅の引き上げにしました。結果的に0〜2歳児の認可保育所の保育料は0〜7万7500円の間です。

4 その他の保育サービス供給促進策

■私立幼稚園の「預かり保育」の促進

八田 その他に、供給促進策としてどのようなことをされましたか。

鯉渕 私立幼稚園の預かり保育を、1997年度から全国に先駆けて実施しています。幼稚園では全国で預かり保育を実施していますが、内容に差があります。多くの場合は午後2時に幼稚園が終わるとして、午後4時ぐらいまでお預かりするサービスを指しています。一方横浜市では、午前7時30分から午後6時30分までの11時間を預かります。このサービスの供給促進のために横浜市が別途補助金を出しています。

八田 通常の幼稚園より、ずいぶん長い時間預かってもらえるのですね。実際はどんな様子なのでしょうか。

鯉渕 現在137園（2014年1月1日現在。市内幼稚園の約50％）が実施しています。たとえば、園児300人の幼稚園だとすると、長時間の預かり保育サービスを受けているのは、大体40人くらいです。幼稚園の一部の部屋に児童を集めて実施しています。市からの公費の投入に加えて、保護者からは、月額９０００円を上限に料金をいただいています。

八田　預かり保育にはどのようなメリットがあるのでしょうか。

鯉渕　幼稚園の利用者が柔軟に保育サービスを利用できるようになるという点が、大きなメリットだと思います。認可保育所は両親がフルタイムで働き、その状態が続くことを前提としています。一方で、働きたいと思うけれども、子どもの様子をみて子育てに専念をするという行動に変わる層があります。この預かり保育は状況がどちらになっても対応できるので、非常にフレキシビリティがあるのです。

八田　利用者にとってはとてもメリットがありますね。園庭はもともとあるとして、調理施設は要件に入っているのでしょうか。

鯉渕　預かり保育の場合は、要件にはしていません。

八田　それは施設側の負担を下げますね。保育従事者は、幼稚園の先生がやっているのですか。

鯉渕　追加的な人員も配置してもらっています。

八田　その職員の方々は、保育士の資格は必要ないのですか。

鯉渕　保育士の資格は要件ではありません。保育従事者の２分の１以上が幼稚園教諭、保育士、看護師のいずれかの資格を持っていることが要件です。

八田　そうすると２分の１は無資格者がいる。

鯉渕　はい。幼稚園教諭ではない保育従事者の中に、保育士の資格を持っている方もいますが、どちらの資格も持っていない方もいらっしゃいます。横浜保育室でも、ある程度無資格の保育従事者がいるので同じ状態です。

八田　預かり保育の効果は高いと思いますか。

鯉渕　非常に高いと思います。

■「保育ママ」をニーズの多い地域に整備

八田　「保育ママ」サービスとは、どのような取り組みなのでしょうか。

鯉渕　自宅で少人数の子どもを預かるのが従来型の保育ママです。横浜市では1960年から家庭保育福祉員として取り組んでいます。しかしながら、都市部における住宅事情や保育ママが1人で保育を実施することの責任の重さから、なり手が少なく、40～50人から増えない状況が続いていました。そこで横浜市では、2010年度から個人で請け負うのではなく、法人として請け負い、運営する仕組み（NPO型家庭的保育事業）を導入しました。具体的には自宅ではないアパートやマンションの一室を借りて、最大で10人の子どもを預かる仕組みで、2013年4月には36カ所まで増えました。事業者の募集から開設までの期間も短くて済み、アパートやマンションの借り上げなので物件も探しやすく、待機児童が多い場所にピンポイントで整備することができるなど、多くのメリットがあります。保育所整備をする区役所の視点から見ると、保育所は60人定員、100人定員など相応の児童数を前提として設置していますので、十分な児童数が継続的に集まらない場合、設備に無駄が生じるリスクがあります。NPO型で定員6～9人、最大で10人という選択肢があると、より需要にあった保育所整備が迅速にできるようになります。

八田　この場合には、園庭要件はないわけですね。台所は一般家庭用の設備であると。

鯉渕　そうです。

八田　保育ママになるにはどのような資格要件があるのでしょう。

鯉渕　保育士が中心なのですが、幼稚園教諭であったり、看護師であったりします。近年では国が、研修を受けた方は国家資格がなくても保育ママになれるという仕組みを推進しており、横浜市も導入しました。ただ現状としては、まるっきり無資格で保育ママをしている方は横浜市にはいません。やはり保育士や看護師、幼稚園教諭などの資格をお持ちになっています。

八田　看護師さんはそのままなれるのですか。それとも何か追加の訓練がいるのですか。

鯉渕　横浜市で定める、数日間の研修を受けていただきます。

5　ミスマッチ対策による認可保育所への需要抑制策

■保育コンシェルジュの設置

八田　横浜方式というと「保育コンシェルジュ」の取り組みがメディアに注目されました。これは保育政策の中でどのように位置づけられるのでしょうか。

鯉渕　横浜市では認可保育所の整備に努めるとともに、多様な保育サービスのメニューを揃えました。しかし利用者は、まず認可保育所に申し込むというのは変わりません。

八田　入所審査があるわけですね。

鯉渕　希望に添えないご家庭は必ず出てきます。審査に漏れてしまった場合は、落胆されています。それでも保育サービスを受けたいと思ったときに、「横浜保育室」といった聞き慣れないサービスを示されても、内容がわからず不安になります。アフターフォローが必要です。

八田　そこでコンシェルジュの出番というわけですね。

鯉渕　保育を希望する保護者の方の相談に個別に応じることで、個々のニーズや働き方に最も合った保育資源や保育サービスの情報提供を行っています。保育コンシェルジュは現在（２０１４年当時）、18区に27人配置しています。専属の嘱託の人です。資格は求めていませんが、保育士だったり、幼稚園の先生だったり、子育て経験者であったり、子育て中だったりする方もいらっしゃいます。たまたま全員、女性です。

認可保育所に申し込んだが入所できなかった方に対しては、代替の保育サービスを紹介するなど細かく対応しています。コンシェルジュが「私も一緒に探しますから、お母さん心配しないでいいですよ」と言い、ここはどうですか、あそこはどうですかと見つけてくるわけです。多くの場合、多少遠くなったりしますが、電話でしっかりと話を聞いてもらいながら勧めてもらえることが、安心感につながっているのだと思います。

■理由を問わない一時預かり「リフレッシュ保育」

八田　横浜市は独自の取り組みとして、理由を問わない一時預かりをする「リフレッシュ保育」を開始したということですが、この取り組みはどのようなねらいで始められたのでしょうか。

鯉渕　一時保育には国費が入っており、他の都市でも実施しています。育児に伴う保護者の身体的、心理的負担を解消することを目的としています。実のところ、保育所審査に申し込む保護者の中には、一時保育が利用できれば満足してもらえる層があります。一見すると行政にとって負担に思えますが、結果的にはフルタイム保育への過剰な需要を抑えることにつながっています。また、児童虐待の防止にも効果があると思っています。新しい保育所は大体の所で一時保育を行っています。

八田　一時保育を行う保育士の資格要件は、普通の保育所と同じですか。

鯉渕　同じです。

■交流を促進する地域子育て支援拠点

八田　地域での子育てを助け合う力を高めるという視点では、何か取り組みをされていますか。

鯉渕　「地域子育て支援拠点」という取り組みをしています。とても人気のある施設です。

八田　室内ですか。

鯉渕　室内です。母子で来ていただいて、お母さんはしゃべっていて、子どもは広いきれいなところで遊べます。個人のお宅では置くことが難しいおもちゃもあって、土曜日になるとお父さんが子どもを連れて来ていますね。また、お悩みのある方はその場で職員が相談に乗りますし、臨床心理士など専門家の相談を受けることができる施設もあります。

八田　その施設は新設なさったのですか。

鯉渕　はい、18区に1カ所ずつあります。評判がいいです。

八田　保護者の方にとってありがたいサービスですね。民間の建物を借りているのですか。

鯉渕　そうです。運営費は横浜市が全額拠出しており、利用料は無料です。

八田　室内公園みたいなものですね。

鯉渕　そうです。遊びと相談、それから情報提供です。

八田　開所時間はどれくらいなのでしょうか。

鯉渕　午前9時30分から午後4時の間で1日6時間以上開所しています。

八田　交通事故の心配もなく、遊ばせていられるというのはいいですね。

鯉渕　保護者同士の交流の場としてもよく機能しています。「うちはこれで困っているのですけれど」、「こうした方がいいわよ」というように、親同士のネットワークで解決することは多くあります。それでは処理しきれない問題が起こった場合でも、地域子育て支援拠点がカジュアルな行政窓口になることで、察知が早くなりました。虐待防止にも役に立っています。

八田　児童相談所とも連携できますね。昔の大家族の機能が、公共サービスで提供されているみたいですね。

鯉渕　そうとも言えますね。また個別相談やさまざまなご意見をいただくことに加えて、各種計画策定の際のアンケート調査や懇談会、シンポジウム等の実施によりニーズの把握を行っています。

八田　ニーズの把握によって、横浜市の保育行政は認可保育所以外のより適切なサービス提供を促し、またそこに利用者を誘導してミスマッチを解消されたわけですね。

6　政府による補助

■地方交付税制度における保育予算の位置づけ

八田　認可保育所については公立、社福立、企業立という種別で、国からの補助に違いはあるのでしょうか。

鯉渕　社福立、企業立に対しては、入所児童数に応じて国から運営費に補助（国庫負担金）が与えられていますが、両者に金額の差はありません。

八田　公立はどうでしょうか。

鯉渕　国からの公立保育所に対する予算措置は、入所児童数に応じた国庫負担金制度ではなく、地方交付税制度によって算定されます。しかし横浜市のような大きな自治体は、地方交付税のうち普通交付税はほんのわずかしかもらっていません。したがって、横浜市では公立保育事業の大部分を市の予算で運営しているというのが実際の感覚です。

八田　冒頭で、公立保育所の児童1人当たりのコストが高い要因の1つは制度上、「市立保育所は国からの補助が少なく、自治体の財政負担が重い」とおっしゃった理由がよくわかりました。横浜市が公立保育所を民間へ移管していった背景には、そうした事情もあるのですね。

鯉渕　地方交付税制度は、基本的な行政サービスを日本全国で実施するために、国から地方へ予算を配分する制度です。まず「基本的な行政サービス」を提供するためにどの程度の予算が必要かを計算しますが、これを基準財政需要額と呼びます。次に自治体の税収（地方税）だけで、この予算がまかなえるかどうかを見ます。地方税だけでまかなえる場合は、国からの普通交付税は配分されないことになります。こうした自治体を「地方交付税の不交付団体」といいます。

八田　地方税だけでは行政サービスを提供できない自治体に、国が普通交付税を配分するのですね。

鯉渕　はい。保育サービスも、税収が少ない自治体には普通交付税によって補塡されることになりますが、待機児童が多くいる都市部の自治体は国からすると、「十分な税収があるので、自治体の一般予算で保育サービスを提供しなさい」となるケースが多いです。

八田　そうなると、公立保育所を増やそうとする自治体は、他の予算を削らなくてはいけなくなるのですね。

■整備費補助の代わりに企業立保育所の参入を促進した補助

八田　国からの、社福立と企業立への補助では、運営費についての差がないことはわかりましたが、それ以外の費目については違いがありますか。

鯉渕　初期費用としての建設費の補助については違いがあります。

社福立認可保育所の整備の際には、建設費に対して補助を出しています。これは国の社会福祉法に基づくもので、県を通じて国からの補助があります。

しかし企業立の認可保育所には、建設費補助としては国、県、市町村のどのレベルでも出していません。

八田　出せない理由は、憲法89条に基づいて「公の支配に属しない慈善、教育若しくは博愛の事業」を行う企業の資産形成に用いられる補助金は支出してはいけないからと言うわけですね。

鯉渕　そう聞いています。

八田　そうした不利な条件でも企業が横浜市では認可保育所に参入したのはなぜでしょうか。

鯉渕　初期投資のうち、企業に対しては建設費の形で補助を出すことはできませんが、保育所として運営するにあたって必要となる建物の内装整備については、横浜市として補助を付けています。だからビルの中などで企業の参入が多数ありました。

内装整備については、建物に公金を投入した場合と異なり、企業の資産形成にはつながっていないという考え方です。

八田　すばらしいです。うまく工夫をして法律との整合性を持たせ、結果的に企業立の新規参入を増やせたわけですね。それは横浜オリジナルのお考えだったのですか。

鯉渕　最初かどうかはわかりませんが、早い方だとは思います。

■横浜保育室への国による運営費補助

八田　次に横浜保育室に対しては国の補助があるのでしょうか。

鯉渕　従来、横浜保育室への国の補助はまったくありませんでしたが、横浜市からの要望等の結果、2011年度から全国の自治体認定の保育施設に対しても国の補助制度が設けられ、それほど大きな金額ではありませんが、一部、補助されるようになっています。

八田　どういった予算に対して補助されるのですか。
鯉渕　運営費に対する補助です。
八田　横浜市の横浜保育室に対する補助は、認可保育所に対する補助とどのように異なるのでしょうか。
鯉渕　認可保育所とは保育士配置基準が異なるので、子ども1人当たりの運営費補助は少なくなります。横浜保育室への補助は、認可保育所の約8割です。一方で、利用料金に関しては世帯の所得水準や子どもの人数に応じて負担が軽減されるようにしています。具体的には、条件に応じて実際に保護者が支払う料金に差を付け、その差額は市が施設に支払っています。

7　横浜方式保育政策の現状

八田　鯉渕さんに横浜市の先進的な取り組みをお伺いしたのが2014年ですが、その後の環境変化に対応して、さまざまな取り組みが行われていると思います。横浜市は待機児童対策のフロントランナーですので、現在、市の保育行政の中心におられる金髙さんに最新の状況をお伺いしたいと思います。
金髙　基本的には以前からの取り組みを継続して行っていますが、いくつか新しい取り組みも始めていますので、以下では保育環境と施策の現状を確認したうえで、いくつかの取り組みについて詳しくお話しします。現在重要な課題となっているのは、保育士の確保です。

■2018年度までの横浜市の保育環境

金髙　まず、2018年度の横浜市の保育所等の待機児童数、および利用申請者数について確認します。集計にあたっては、厚生労働省より「保育所等利用待機児童数調査要領の改正」の通知があり（2017年3月31日）、育休中の方の取り扱いが変更され、待機児童の定義として、育休中の方で復職の意思を確認できる方も含むことになりました。2018年4月から、新定義による数字で発表しています。その影響もあり、待機児童数は2017年4月時点で2人だったところ、2018年4月には63人となっていますが（図4－1参照）、実質的にはほぼ横ばいと見ています。

他方で、利用申請者の数は増加しています。2018年4月時点で、認可保育所、認定こども園、地域型保育（小規模保育等）をすべて含めた認可施設への申請者数は、過去最大の6万7703人となりました。前年度比較では約2500人増えています。

それに対して、保育所等を利用している児童は6万4623人でした。保育所整備を進めていることもあり、申請者数とほぼ同様のペースで伸びています。また、申請したけれども利用できなかった児童である保留児童は3080人で、前年度に比べると若干減少しました。

八田　保留児童と待機児童はどう違うのでしょうか。

金髙　保留児童は、認可保育所等に入所申請をした結果、定員超過等により入所できなかった児童、と定義しています。一方、厚生労働省の調査要領に基づき、待機児童は、保留児童数から横浜保育室、幼稚園預かり保育、年度限定保育事業、一時預かり施設等の利用者や、特定の園しか希望しない家庭の児童数等を差し引いた人数として集計しています。

図4－1　横浜市の保育所等定員、利用申請者数、待機児童数の推移

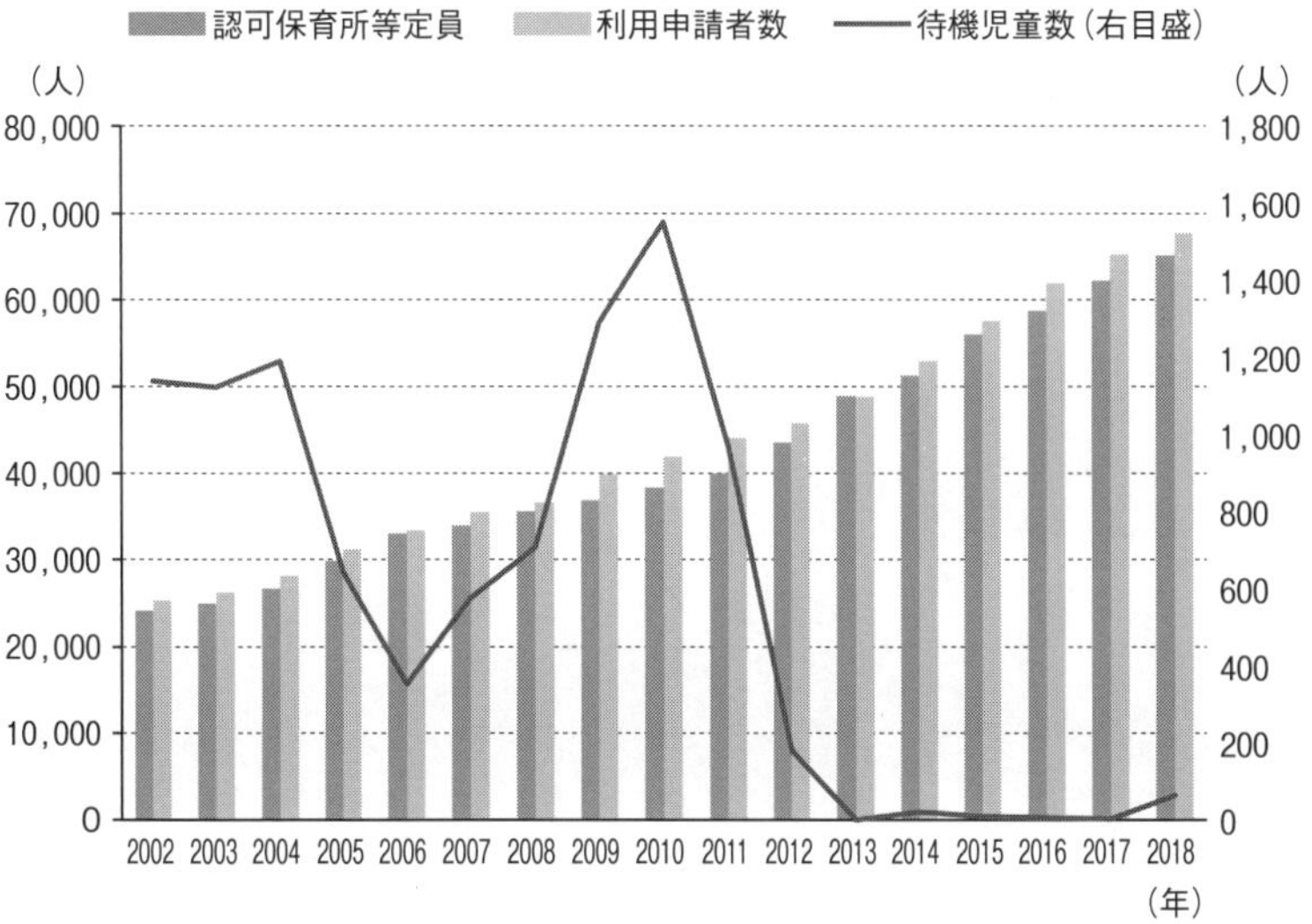

注　1）2015年4月から保育所・認定こども園のほか、地域型保育（家庭的保育、小規模保育、事業所内保育）を含む。

2）国の調査要領改正（2017年3月31日通知）に伴い、待機児童数は2018年4月から育休中で復職意思を確認できる場合も含む新定義で集計。

出所）横浜市記者発表資料（こども青少年局緊急保育対策課）「平成24年4月1日現在の保育所待機児童数について」（2012年5月17日：http://www.city.yokohama.lg.jp/kodomo/kinkyu/file/240517-240401taikijidousuu.pdf）。横浜市記者発表資料（こども青少年局保育対策課）「平成30年4月1日現在の保育所等利用待機児童数について」（2018年4月24日：http://www.city.yokohama.lg.jp/kodomo/kinkyu/file/3004taikijidousuu.pdf）より。

待機児童や保留児童は、全国的な傾向と同じく0〜2歳児が圧倒的に多くなっています。特に、1歳時点で入れない子どもが多いので、その問題への対応が大きな課題です。

また、横浜市には18の行政区がありますが、すべての区に満遍なく保育ニーズがあるわけではありません。特にニーズの高いのは、比較的東京に近い鶴見区や港北区等です。少し郊外に目を移すと、ニーズがだんだん落ち着いてきている地域もあります。そのため、ニーズが高い地域により重点を置いて対策を進めています。

八田　こうした需要の偏在は、母親の通勤のためなのでしょうか。

金高　それも考えられますが、鶴見・港北区はそもそも人口が多いですし、東京に近いことなど、さまざまな要因が考えられます。

八田　就学前児童数が増えている区はあるのですか。

金高　２０１７年度と18年度の比較では、たとえば神奈川区は1万１５８５人から1万１６１２人、西区は４８１２人から４８３４人と若干増えている区もありますが、減少傾向にある区の方が多い状況です。

八田　横浜市は、特に出生率が低いわけではないですよね。

金高　２０１７年の合計特殊出生率は１・32です（全国では１・43）。

八田　東京都の同年は１・21なので、横浜市の方が高いですね。

金高　はい。就学前児童数の変動も重要なのですが、実際に利用申請者数や保留児童数の多い地域がどこかを分析し、そこをターゲットとして保育所等を整備していく必要があると考えています。

必要のない場所に整備をしても仕方がないので、この点を重点的に、各区役所の担当者と一緒に議論しながら進めているところです。

実際すでに、現時点の定員枠では足りない地域と、定員割れしている地域が出ています。2018年4月時点では、認可保育所および幼保連携型認定こども園794園のうち356園で2600人ぐらいの児童を定員を超過して受け入れてもらっている一方で、郊外などでは319園で1885人分の定員割れが起きています。

八田　定員を超過して受け入れることができるのですか。

金高　面積基準や保育士基準がクリアできていれば、定員を超えた受け入れは可能です。

以上のような背景で、受入枠拡大の取り組みに努めてきました。直近の実績をご紹介すると、認可保育所は2017年度に2207人、また認定こども園や地域型の小規模・家庭的保育事業なども含めて毎年3000人程度の受入枠を増やしている状況です。

また、保育所の新設は民間の事業者が場所を探して整備するのが基本的な進め方ですが、公有地を活用した認可保育所の整備も行っています。

■横浜保育室の認可保育所等への移行

八田　受入枠拡大施策の中で、本章第3節でご紹介いただいた認証施設である横浜保育室の認可への移行支援があるかと思います。認証施設の、認可施設への移行支援は東京都等でも行われていると思いますが、これは国からの補助金が増えるからというのが主な理由なのでしょうか。

金高　認可外施設の認可保育所等への移行促進は、国の「子育て安心プラン」で方針として掲げられているものです。各自治体も、それに合わせて支援しているのが現状です。横浜市も、既存の横浜保育室を小規模保育事業や認可保育所に移行する支援を行っています。

八田　そうすると、これまで横浜市が行っていた補助は少なくて済むようになりますか。

金高　財源の面では、確かに認可に移行した方が国費が入ってくるのは事実ですが、横浜保育室は、認可保育所とともに、これまで横浜市の待機児童対策を推進する上で重要な役割を担っています。また、横浜保育室を運営する方々はこれまで横浜市の保育を支えてきたフロントランナーであり、実績がありますので、お金の問題だけで移行を進めるわけにはいきません。

八田　まさにフロントランナーですね。パイオニアだと思います。

金高　また、横浜保育室の場合は利用者の方々と相対で、行政が絡まずに直接利用の契約ができます。認可に移行すれば保育室側も財政的には安定すると思いますし、市も国費が入る一方で、利用については市の利用調整が入ることになります。その面でも、移行するか否かについては議論があるところです。

八田　加えて、横浜保育室は従業員の3分の2以上が保育士等の有資格者であればよいルールだったと思います（本章第3節参照）。現状では認可に移行する場合は、認可保育所の設置基準に合わせる必要があると思うのですが、本当は横浜保育室のスタイルのまま認可してもらい、国からの補助金がきちんと付くようになるのが一番よいですよね。

金高　そういう考え方もあるかもしれませんが、他の認可保育所とのバランスは検討する必要があるのではないでしょうか。確かに、経営目線だと少し緩和して全員保育士でなくても認めてもらう方がよい面もあるでしょうが、保育の質の視点も忘れてはいけません。また、保育士側からすると、少ない保育士で自分が頑張らなければいけないような状況になるかもしれないので、慎重な対応が求められます。

八田　そうですね。もちろん保育士の給料を上げるなどの対応も必要になるかと思います。

■認定こども園整備の現状と対応

金髙　認定こども園の整備も進めており、2017年度は268人分の受入枠拡大を行いました。

八田　なかなか進められない自治体も多いと思うのですが、横浜市は順調なのですか。

金髙　実はあまり進んではいません。認定こども園は幼稚園からの移行が多く、先の横浜保育室と同様に、幼稚園であれば利用者が自分で入園先を選べるのですが、認定こども園になると市の利用調整が入ります。加えて、それまでは0~2歳の低年齢児は預かっていなかったところに新たに預かるようになるので、幼稚園側の負担感もあると思います。また幼稚園側としても、現状ですでに子どもが一杯であれば、認定こども園に移行しなくてよいわけです。

■喫緊の課題としての保育士確保

金髙　今大きな課題となっているのは、保育士確保です。最近は、以前にも増して保育士が不足していると認識しています。そのために、たとえば以下のような取り組みを実施しています。

まず、保育士向け宿舎の借り上げです。保育所等を運営する事業者が保育士のために借り上げた宿舎に対して、助成を行います。これは国の事業なので多くの自治体で行っていると思いますが、宿舎借り上げ助成の申請をする運営事業者は年々増加しています。

次に、保育士・保育所支援センターによる保育士の就労支援サービスの提供です。「かながわ保育士・保育所支援センター」という名称で、神奈川県や政令市（川崎市、相模原市）、中核市（横須賀市）と共同運営しています。横浜市には横浜駅西口に1カ所設置されていて、一時的に職を離れている潜在的な保育士を主な対象とした求人や求職をマッチングする、ハローワークのような事業を行っています。また、保育所の運営者側と連携して、面接会や見学会を実施しています。

さらに、横浜市在住の方で、市内の保育所等で働く保育士のお子さんを対象に、保育所の利用調整において優先的に取り扱う制度を、2018年4月から実施しています。

八田　始める前と比べると、保育士の供給は増えてきたのでしょうか。

金髙　先にも述べましたが、数年前に比べても現在は保育士の確保が厳しい状況です。宿舎借り上げについては、2014年1月から実施した取り組みであり、開始以降年々申請が増え続けています。申請戸数は、2014年度は519戸に補助を出していたのが、2017年度には1809戸と、この3年の間だけで3倍以上になっています。

八田　これは認可保育所の保育士に対してだけですか。それとも横浜保育室や他の認可外施設の保育士も対象になるのですか。

金髙　横浜保育室については、国が定めた認可への移行計画書を出しているところは対象になっています。その他の認可外は対象外です。議論の余地はあると思いますが、現時点で対象となるのは認可保育所、認定こども園、小規模保育（A型、B型、C型）と認可移行計画提出済みの横浜保育室です。

八田　無認可施設の保育士は、そこの保育施設が認可への移行を表明していなければ補助は出ないということになりますね。国の補助制度について、もう少し融通が効くとよいのですが…。

それと、保育士の子どもを優先的に取り扱うというのも、国の制度ですか。

金髙　国からの導入促進の通知を受けて、横浜市として独自に制度設計し導入しました。

八田　この対象は、一般的な保育士の資格を持っている人になるのでしょうか。

金髙　そうです。保育所の利用にあたっては、就労状況等に応じた優先順位の基準を定めていますが、利用調整の際に保育士の子どもを優先的に取り扱うこととしています。ただしこれは、横浜市が先進的に取り組んでいるというわけではなく、もっと早くから実施している自治体もあります。しかし、横浜市でも行うことで保育士を一定数は確保できると考えています。さらに、市独自に保育士の処遇改善にも取り組んでいます。

八田　しかしこうした対応は、自治体間の競争にもなりえますね。

金髙　保育士確保については、どうしてもそういう面が出てきます。獲得競争の是非は問題ですが、国の制度に加えて、市が独自に上乗せして保育士を確保しようという動きはどうしても出てきてしまうということですね。

八田　市が独自でやる上乗せ部分については、保育所の利用料から取るようにできれば一番フェアだと思うのですが。

金高　実際にそうした対応をとるのは難しいです。また、自治体の財源も限られています。ここまでお話したようなさまざまな対策を進めており、横浜市全体の一般会計の中で占める保育への支出の割合は年々増加する傾向にあります。保育所整備を進めているので、それに伴い翌年度は運営費が上昇します。このため、お金をかけないで保育士確保を進める工夫も必要です。保育士の採用や定着などについて、あらゆる手段で取り組んでいく必要があると考えています。

八田　なるほど。２０１４年に鯉渕さんにお話を伺ったときとの最も大きな違いは、保育士不足が非常に深刻化していることだということですね。それに対応して、宿舎の借り上げや処遇改善への取り組みなど、近年新しく導入した対策も行っておられる。また、保育サービスへのニーズは地域差が大きいため、待機児童数をコントロールするには地域ごとの需要予測が重要であり、それに大変なエネルギーを使っておられるということですね。

第5章

地域力が生み出す江戸川区の保育政策

◎ゲスト

茅原光政

江戸川区子ども家庭部保育課長

Mitsumasa Kayahara

2010年4月より、現職。

◎ゲスト

浅見英男

江戸川区子ども家庭部
子育て支援課長

Hideo Asami

2014年4月より、現職。

インタビュー収録日: 2016年8月17日

江戸川区では、「0歳児は家庭的な環境での保育が望ましい」という理念のもと、「保育ママ」の導入や「乳児養育手当」の支給など、0歳児の保育行政に関して先進的な取り組みを行ってきた。本章では、江戸川区の保育行政の概要と特色を中心に、茅原光政氏（江戸川区子ども家庭部保育課長）、浅見英男氏（江戸川区子ども家庭部子育て支援課長）よりお話を伺った。

1　江戸川区の待機児童の現状

八田　まずは江戸川区の待機児童の現状をお話しいただけませんか。

浅見　２０１６年４月現在、江戸川区の待機児童数は３９７人です。23区の中で、世田谷区の１１９８人に次いで2番目に多くなってしまいました[1]。

八田　江戸川区と世田谷区の人口は、それぞれどのくらいですか。

浅見　江戸川区が69万人、世田谷区が89万人です。

八田　そうですか。となると、人口1万人当たりの待機児童数では、江戸川区が約6人、世田谷区が約13人ですね。人口比で見ると、江戸川区は世田谷区に比べるとはるかに少ないのですね。江戸川区の待機児童数は増えているのですか。

浅見　はい。２０１３年度までは減少していましたが、ここにきて毎年50人程度のペースで増えています。どの自治体も同じですが、やはり1歳児が一番多いです。

また、２０１５年までは０～２歳だけだったのですけれども、２０１６年４月に初めて３歳児の待機児童が15名出ました。０～２歳の定員をこれまで増やしてきましたので、それが持ち上がり、３歳児にも待機児童が出たと考えています。

待機児童の増加は、子育て世代の転入増と働く女性の増加が主な要因かと思います。出生数は大体毎年６０００人前後で増えていません。

八田　普通でしたら、子育て世代の転入は大歓迎ですよね。江戸川区への転入が増加している要因は何が考えられますか。

●江戸川区の親水公園［写真提供：江戸川区］

浅見　江戸川区は東京の一番東側にありますが、住居費が安く、地下鉄東西線やＪＲ総武線などが通っていて中心区までアクセスがいい。これらが比較的若い世代が多く転入してくる要因かと思っています。

八田　コストパフォーマンスがよいのですね。

茅原　さらに、江戸川区は23区の中で公園面積がトップです。昔から「ゆたかな心　地にみどり」という標語とともに、緑を増やしてきました。日本で初めてとなる親水公園を整備してきたことも公園面積の拡大につながっています。

浅見　通常、生活排水の用水路は埋め立てて道路にしてしまうことが多かったと思うのですが、子どもが遊べるように人工の川を通したのが親水公園です。

八田　そこにはきれいな水を流しているのですか。

茅原　夏は河川水を浄化しているところもあります。全国に先駆けて親水公園を整備してきて、汚れた川が本当にきれいになり、今では区民の方がお散歩やジョギングなどにも利用されています。

八田　いいですね。文京区の根津や台東区の谷中の辺りにも昔の川を埋め立てて作った道があるのですが、もったいないですよね。水はできるだけ残すべきです。

2　江戸川区における0歳児保育の特色

■0歳児保育の歴史と保育ママ制度

八田　江戸川区の0歳児保育行政は大変先進的です。その経緯や特徴についてご教示ください。

茅原　本区の特色は、区立保育所では0歳児保育をやっていないということです。その代わりに1969年から始まった、江戸川区独自の「保育ママ制度」で0歳児保育を実施しています。

八田　なぜ区立保育所で0歳児保育をやらないのでしょうか。

茅原　もともと1960年代からの高度経済成長に伴って、0歳児保育を保育所で行う自治体が出てきました。

八田　昔は0歳児保育がなかったのですか。

茅原　そうです。昔は多くの方が家庭で0歳児を見ていたため、需要もそんなにありませんでした。

もちろん、認可外の託児所のようなところはあったのかもしれませんが、公立保育所で0歳児保育をやるところはあまりなかったのです。

八田　なるほど。では、看護師や先生など早期に復職する必要のある人は、0歳児を認可外の託児所に預けていたわけですね。

浅見　もしくは私立の認可保育所ですが、当時はほとんどなかったかもしれません。

茅原　高度成長の時代に0歳児保育を行う保育所がいろいろな自治体で出てきた際、江戸川区としては、乳児、特に0歳児に関しては、一番望ましいのは家庭で保育をしていただくことではないかと考えました。ただ、そうは言っても、仕事や病気など、どうしても子育てをできない事情がある保護者の方もいらっしゃいますので、できるだけ家庭的な環境で0歳児保育をやろうということで、保育ママ制度を始めたのです。

八田　これは全国で初めてだったのですか。

茅原　それまでにも東京都の家庭福祉員という制度があり、昔から保育ママと似たような制度がありました。家庭福祉員制度は、東京都の福祉事務所が1960年から始め、その後、1965年に福祉事務所が都から区に移管されたので、家庭福祉員制度もそのまま区に引き継がれたのです。この制度もやはり赤ちゃんを家庭で保育するのですが、これは保育士等の資格を持った方がご自分の自宅等で預かる制度です。

八田　1960年には保育ママと似た制度があったのですね。この制度は保護者の家に来てくれるのではなくて、家庭福祉員さんの家で預かるのですか。

茅原　そうです。その点は今の保育ママも同様です。ただ、家庭福祉員制度では、保育士や幼稚園教諭、看護師などの資格を持った方に限定していました。そのため、家庭福祉員になれる方も少なく、なかなか数も増えない中で、江戸川区では家庭的保育を重視する観点から保育ママ制度をつくることになりました。

八田　最初から保育ママという言葉だったのですか。

茅原　保育ママという言葉は、おそらく江戸川区が初めて使ったのではないかと思います。その一番の特徴は、子育ての経験がある方に江戸川区の実施する研修を大体1カ月受けていただくことによって、江戸川区の保育ママとして認定する点です。保育士などの資格が必要な家庭福祉員ではなくて、江戸川区の独自事業として保育ママを認定しています。1969年の制度開始当時から、資格がない方でも認定しているという自治体は他にはありません。

八田　研修は大体1カ月、毎日やるのですか。

茅原　そうですね。ほぼ毎日やります。保育所の実習なども含めて、概ね1カ月ぐらいやります。

八田　実習に加えて、座学もやるのですか。

茅原　研修は座学も結構あります。乳児のことですので、保育士が受けるような専門的な講義もありますし、実際の保育の状況ということで、保育所での実習なども行っています。

八田　実習は重要ですよね。座学ではどんなことを学ぶのですか。

茅原　衛生や保健など、そういったこともきちんとやります。他にも、6畳以上のスペースが確保されているか、保育室として使うお部屋は安全か、などのご家庭で預かる際の要件を満たしているかも確認した上で、研修を受けていただいています。

■0歳児保育に対する江戸川区の姿勢

茅原　ただ江戸川区でも、区立の認可保育所では0歳児保育をやらないけれども、私立の認可保育所では各園の判断により、0歳児保育を実施しているところもあります。私立の場合、0歳児保育の実施は各園の判断になります。

八田　私立の認可保育所で0歳児保育を実施しているところには、補助金は出しているのですか。

茅原　私立の認可保育所に対しては、運営費について国から補助金が出ていますし、区の独自の加算もあります。

八田　0歳児はコストがかなりかかるでしょう。区でも多めの負担をしていらっしゃるのですか。

浅見　はい、たとえば看護師などの人件費加算があり、その他にも区独自の加算をしています。

茅原　保育士の配置基準を例にとっても、3歳児は子ども20人に対して保育士1人ですが、0歳児は子ども3人に対して保育士1人が必要となるので、人件費が相当違います。

八田　公立だと予算が相当にかかることになりますね。

茅原　他の自治体では、公立保育所で0歳児を受け入れているところもありますが、今は大企業を中心に育児休業制度を活用される方がかなり多くなっています。

　その一方で、0歳児から入所している子どもの持ち上がりで1歳児の枠がかなり限定されてしまい、1歳からでは保育所に入れないという現象が起きています。そのため、育休があるにもかかわらず取得をやめる、あるいは早く切り上げて保育所に預けるということが起こっています。こうした状況の中で、０歳児から入所可能な保育所を増やしてしまうと、かえってこのような現象を加速させてしまうおそれがあります。

八田　それは問題ですね。

茅原　ただし、ご病気の方や自営業の方などで育休の取得が難しい場合もありますので、福祉的な観点から０歳児保育への支援もある程度必要となります。しかしその部分については、本来は保育ママや一部の私立園で対応するのがいいのではないかと思っています。

現在、保育ママの数は大体２００人ぐらいおり、年間で４００人ぐらいのお子さんをお預かりしています。そういった意味では、江戸川区の０歳児保育においては、保育ママがかなり浸透していると思います。

八田　なるほど。０歳児は基本的に保育ママが担い、保育所に預けたいのであれば私立保育所が補完するということですね。低所得の方は別途、方策を考えるにしても、通常はこのようにしてもおかしくはないですね。

浅見　そうですね。１９６４年から35年にわたり区長を務めた中里喜一前区長は、やはり乳児は家庭で育てるのが基本であると考えていました。

八田　中里前区長は、保育分野には特に重点を置いておられたということでしょうか。

茅原　そうです。子育ては非常に重要視されていました。

■家庭的保育の促進に向けたサポート：乳児養育手当

茅原　保育ママ制度の導入と同時に、家庭の保育を重視する観点から始めたのが乳児養育手当です。これは家庭で0歳児を保育している親に補助金を支給するというものです。乳児養育手当は、0歳児に対して月額1万3000円支給されます。これは保育ママを利用していても、家庭保育でも、支給されるのです。

八田　すばらしいですね。結局、乳児養育手当としてバウチャーに近いことをやっていらしたのですね。

茅原　そうです。ただし、公的なお金が投入されている保育所などに預けているお子さんについては、乳児養育手当は支給されません。

八田　保育所に補助が出ているのだから、当然でしょうね。乳児養育手当は、おばあちゃんなどの親戚に見てもらう場合も支給されるのですか。

茅原　はい。家庭で保育していれば大丈夫です。

浅見　これは家庭保育の推進という位置づけで支給しています。

八田　なるほど。ところで、保育ママに預かってもらうときは、児童1人当たりいくらですか。

浅見　月額1万4000円です。したがって、乳児養育手当を差し引くと、1000円が保護者負担です。

八田　乳児養育手当は、保護者の所得水準は関係ないのですか。

茅原　一応、所得制限はあります。

浅見　ただし、4人世帯で年収960万円ぐらいですから非常に高い水準です。したがって、ほとんど9割近い方が支給対象です。

八田　それにしても、0歳児に対する給付金は他の区では聞いたことがないです。

浅見　これは例がないと思います。

八田　すばらしいです。1歳以上には、こうしたバウチャーのような制度はないのですか。

浅見　はい。ありません。

八田　家庭保育を推進するという観点からは、家庭で1歳以上の子を見たい人にも、それなりに補助金を出しましょうという考えがあってもよかったのではありませんか。

浅見　そうですね。しかし区では乳児の家庭保育に特に重点を置いているため、1歳以降は特にありません。

八田　この点は、江戸川区の乳児養育手当制度導入の元来の目的との一貫性を欠くような気がします。制度導入の目的は、望む人には家庭保育をできるようにしてあげようというところにあったからです。しかも、元来の目的と一貫した対応を進めて1歳以降にも補助を出せば、結果的には、保育施設に対する区の補助金の支払いを削減できる可能性もあるでしょう。

3　保育ママ制度の概要ともう1つの役割

■保育ママの収入

八田　江戸川区がパイオニアとなって創設された保育ママ制度についてもっとお話を伺いたいと思います。子ども1人を預かってもらうと親は月額1万4000円払うわけですね。たとえば2人預かれば保育ママさんには、2万8000円が入るわけですね。

茅原　そうです。しかもその他に、保育ママに区からの保育補助費として、お子さん1人につき月額7万円を支給しています。

八田　それはすごい収入になりますね。

茅原　それから、地域によっては預かる子どもを1人も紹介できない期間があるのですが、その場合でも環境整備費を支給しています。

八田　固定費ですね。

茅原　そうです。制度上、3人まで預かることができますが、0～1人まで預かることのできる規模の部屋では3万円、2人だと3万5000円、3人では4万円を支給しております。

■保育ママの認定

茅原　1969年から開始した保育ママ制度は、現在までにおよそ1万6000人の卒室児を出しており、最初の子は45～47歳になっています。江戸川区は、現在のように待機児童が多くない時期からやっているので、ノウハウをどんどん蓄積していっています。ちゃんと研修を受けることで、保育士等の資格がなくとも適切な保育ができるという証左でもあります。

八田　「無資格」という言葉がよくないですね。「認定者」ですよね。

茅原　2010年に児童福祉法の改正があり、そこでようやく初めて、資格がない方でも一定の研修を受けることによって国の保育ママに認定されるようになりました。保育ママ事業もそこで初めて国が認めたのですけれども、国の場合は資格の種類によって研修の量を変えています。

保育士の資格を持っているとほとんど研修を受けなくても大丈夫ですが、子育て経験だけで資格のない方だと、保育士資格等のある方と同等の研修に加え、およそ20日間の保育実習等が必要になり、認定まで概ね2カ月はかかります。有資格者は数日から1カ月ぐらいで認定されるのに、資格を持っていらっしゃらない方は2カ月の研修を受けなければいけないなど、保育ママの認定に必要な期間は大きく異なります。ただ、資格のない方も認めたことで、他の自治体でもだいぶ増えてきております。

八田　適切な研修を受ければ、保育士資格がなくとも十分活躍できるということですね。

■学齢の硬直性に対する調整弁としての機能

八田　ところで、たとえば5月が誕生日の子は、1歳児から預かってくれる保育所に入るには、満1歳の誕生日の翌年の4月まで待たなければならない。しかし、1歳児だから保育ママにも預かってもらえない。これでは、困るのではありませんか。

茅原　実は、保育ママは4月1日時点で0歳児であれば預かりますので、5月に誕生日が来ても来年の3月まで預けることができます。つまり、理論上は1歳11カ月まで預かることができる場合があります。

保育所の場合、大体4月1日で0歳も1歳も定員が埋まってしまいますが、保育ママは徐々に埋まっていきます。また、生後57日目から預かることができるので、2月生まれぐらいの子なら4月から預けられます。

八田　保育ママが4月入園の硬直性の調整弁になっているわけですね。

茅原　そうですね。

八田　なるほど。でも、本当ならば保育所もいつでも入園できて、卒園も入園した月に合わせてできるということがあってもいいのだけれども、小学校が4月1日に入学だから、保育所もそうなってしまうのですよね。

浅見　ええ。いわゆる学齢で影響を受けているわけですね。

八田　保育ママの調整弁としての機能は、今まで気が付きませんでしたが重要ですね。0歳児については、保育ママによる調整弁が不可欠だということがよくわかりました。よく他の区は保育ママなしにやってきましたね。この調整弁がなくては大変ですよね。

茅原　ただ、地域によっては保育ママの需要が供給を上回るところもあります。たとえば、新しくできた高層住宅ですと、子育て中の世帯をターゲットにしているため、なかなか保育ママになるような世帯が入ってこないことがあります。このような場合、小規模保育所などの保育施設が、保育ママを補完して、需給調整機能を果たしています。

八田　小規模保育所は、もともと区でもやっていらしたのですか。

浅見　やっていません。いわゆる公費がまったく出ていないベビーホテルなど、認可外の小規模保育所はありましたが、区が関わるのは2015年に子ども・子育て支援新制度が施行されてからです。小規模保育所の中には無認可や認証から移行してきたというのもあります。

八田　保育ママが不足しているところに対しては、小規模保育所が大変有効に機能しているということですね。

浅見　それはあると思います。

茅原　ただし、やはり江戸川区は家庭での保育を一番大切に考えているので、0歳児保育の需要もあることはわかってはいますが、保育ママという区独自の事業をあまり拡大して、家庭の保育から離れすぎるのも本来の理念とは違ってきてしまいます。

八田　なるほど。

■保育ママを通じた需給調整は可能か?

八田　新築の高層マンション等の周辺で保育ママが不足しているといったお話しがありましたが、保育ママの料金を通じた需給調整はできないのでしょうか。つまり、この地区の保育ママ料金は結構高いけど、もっと安い地区もありますというように、地区ごとに料金の相場が決まっていれば、預ける必要度の低い親は自宅で育てるか、安い場所に転居するので、ミスマッチ解消の1つの手段になると思います。一方、保育ママをやろうとする人も増えるのではないかと思いますが、いかがでしょうか。

茅原　ただ、そのような地域では保育ママのなり手も含めた絶対数が少ないものですから、そういった形でメリットを与えたとしても難しいかもしれません。

保育ママはどういう人がなるかというと、もちろん保育士の資格を持っていらっしゃる方も中にはおられますけれども、やはりお子さんが非常に好きで、子育てが一応終わって、仕事も一段落ついたので、地域の奉仕活動をやりたいという方がほとんどです。江戸川区では「地域力」と言っていますが、そういう気持ちでやられる方が多いのです。

たとえば、自分の子どもが保育ママにとてもお世話になり、子どもたちも大きくなって経済的にも余裕ができたので、今度は私が保育ママになろうということで、研修を受ける方もいらっしゃいます。そういう方は、自分のおうちの中で家庭的な保育をしたいといったニーズがあります。一方、自ら引っ越したり、あるいは需要があるからそこに行くようなことは、ほとんどありません。

八田　その気持ちが一番強いのはわかります。しかし、月の給料が20万円ではなくて、30万円や40万円になったら、移り住んで保育ママをやる人も出てくると思うのですが、制度的にできないわけですね。

浅見　ある意味、先ほど申しました地域力、あるいは志や心意気でやっていただいている方が多いので、お金で誘導するようなことは区としてはやっておりません。

八田　なるほど。保育ママの足りない地域では、料金の上乗せを許した方がみんなWin-Winになるのではないかと思いますが、奉仕活動のような側面が強いのですね。

4　民間保育所における情報開示のあり方

八田　最後に、民間保育所の情報開示に関して伺いたいと思います。まず、保育所が倒産することになった場合、どのような対策をとっていらっしゃいますか。

浅見　閉園などの経営危機に陥ることがないよう、指導検査や日常的な運営指導などを通じた、日頃からのリスク管理が大事だと思っています。

　江戸川区では、各園の横のつながりが非常に強くて、毎月、私立保育所の園長会を開催しています。こうした場で、たとえば区の行政情報や各保育所からの情報などを互いにやり取りしていますので、保育現場の生の声も聞けます。そういった日頃の情報交換で運営状況を把握しています。

八田　今のところ子どもが集まらなくなった保育所はないのでしょうか。

浅見　ありません。

八田　確かに、待機児童がいる現状では、あまり倒産の可能性を考えることはないのかもしれません。では、各保育所の質に関して、それぞれの園の特色、あるいは保育士比率や保護者からの苦情などが外からわかるような情報公開の仕組みはあるのでしょうか。

浅見　たとえば、社会福祉法人えどがわが運営するおひさま保育園ですと、毎年、利用者アンケートなどを実施して、結果をホームページに載せています。あとは第三者機関の評価もやっていますので、ホームページから見られるようにしています。

八田 それはいいですね。第三者機関というのはどのようなところに頼んでいらっしゃいますか。

茅原 保育に限りませんが、東京都が認証した民間の福祉サービスの第三者評価機関が幾つかあります。区立保育所でも評価を受けており、入札で選定された機関にお願いしていますが、各私立園ではそれぞれが選んだ会社の中から契約しているのだと思います。その評価の結果は、すべて東京都のホームページから見られるようになっています。

八田 そうやって保育所の質に関する情報公開を行っているのですね。

注

1 その後、江戸川区の待機児童数は2017年4月は420人、2018年4月は440人と推移している（杉並区資料「待機児童の現状と対応策」2018年8月9日：https://www.city.edogawa.tokyo.jp/documents/7217/taikijidoutaisaku30_8_9.pdf）。

第6章 待機児童ゼロを目指す東京都の試み

◎ゲスト

鈴木亘

学習院大学経済学部
経済学科教授

Wataru Suzuki

専門は社会保障、医療経済学、福祉経済学。東京都顧問（2016年～2018年）、東京都都政改革本部特別顧問（2016年～2018年）、東京特区推進共同事務局長（2016年～2018年）などを務める。2019年1月より、東京都児童福祉審議会の委員。

インタビュー収録日: 2018年3月16日

小池百合子都知事（2016年8月2日就任）のもと、東京都では保育の受け皿を増やすことに力を注いできた。また、保育所の質を保つための情報公開なども大きく進めてきた。本章では、これら東京都が行ってきた対策のポイントと今後に残された課題について、東京都の特別顧問、また東京特区推進共同事務局の事務局長として待機児童対策に関わってこられた鈴木亘氏にお話しいただいた。

1　東京都に待機児童が多い理由

八田　鈴木さんは、保育の問題全体に関してずっと分析・提言をされてきたのですが、この2年ぐらい、東京都の行政にも非常に深く関与されていて、待機児童対策の責任者にもなられました。その観点から、まず都でどういう方針でやってこられたかということから、お話を伺いたいと思います。

鈴木　小池百合子都知事が誕生して以来、私は主に待機児童対策を担当する東京都の特別顧問を務めてきました。待機児童関係の規制緩和に関わる東京特区推進共同事務局の事務局長というポストにもおります。これらは、有識者としての知事に単にアドバイスをするということではなく、行政組織の中にガッチリ入り込んで組織を動かして実務を行うものです。

よく知られているように、待機児童とは経済学的に見れば保育サービスに対する「超過需要」のことで、運営費に対して保育料が安すぎることに根本的な原因があります。このため、その裏では、

表６－１　東京都23区における最高所得層の保育料設定（月額）

（単位：万円）

年齢	３歳未満	３歳	４歳以上
国基準額	10.4	10.1	10.1
23区最高額	7.9	4.4	3.9
23区最低額	5.8	2.3	1.8

注）2017年保育料。
出所）東京都福祉保健局調べ。

認可保育所には莫大な公費がつぎ込まれており、財政難の折、各自治体ともおいそれとは認可保育所を増やせない状況にあります。ですから、自治体が持つ「認可制」の権限を拠り所にして供給を制限します。保育の業界団体も、既得権を守るために、参入規制の緩和に反対するので、時代遅れの規制がいまだに続いていて、このことも待機児童の解決を難しくしています。

以上は、全国共通の問題ですが、実は、東京都にはそれらに加えてさらに多くの問題があります。第１に、全国と比べても認可保育所の保育料がさらに低いことです。東京都の各基礎自治体は、昔は財政が豊かな状況が続いていたので、そのときの首長が人気取りのために大盤振る舞いをしていて、保育料を非常に低く設定してきたのです。ほとんどの基礎自治体で認可保育所の保育料月額は平均２万円前後で、千葉や埼玉や神奈川と比べてもかなり低く設定されています。ですから、待機児童がいても、利用者が東京に来たがるのは当然なのです。表６－１は、世帯所得が１１００万円を超える最高所得層が支払う最高額の保育料ですが、国基準に比べて大幅にディスカウントされていることがわかります。23区内でもばらつきがありますが、平均的にみると、国基準のだいたい半分程度になっています。

もう１つの問題は、自治体独自の贅沢基準です。保育士数を国基準以上に加配したり、子ども１

人当たりの面積を独自に広くしたりしています。そのような贅沢基準を設けると、その分、定員数が少なくなり、待機児童数が増えることになります。また、自治体独自の補助金を既得権者、つまり、社会福祉法人の認可保育所だけに出す自治体もあります。

八田 本当は、料金を上げて、補助金を減らすべきなのですよね。

鈴木 そうなのですが、東京都では認可保育所の運営費の9割が公費です。これが既得権益化していて、強力な業界団体を作っていますので、レントシーキングもものすごい状況です。都の場合、各基礎自治体の規模は基本的に小さく、たとえば、千代田区は人口が6万人しかいません。全国単位の保育団体、保育労組がワーワー言っているのに、たかが基礎自治体の一課長がたてつけるかというとまったく無理です。政治的に、各基礎自治体が既得権団体に立ち向かえないという問題もあります。

■基礎自治体間のフリーライド

鈴木 それから、東京都内の基礎自治体が行政区ではなくて特別区であるということも深刻な問題を生み出しています。特別区というのは、それぞれ選挙で選ばれた区長がいて、各区独自に保育行政を差配しているということです。これが横浜市のような行政区では、区長は役人がローテーションで回っています。役人である区長は市長の部下ですから、たとえば、林文子市長が「待機児童対策を各区いっせいに頑張るぞ!」と言ったら、みんな一緒にその方向に一生懸命向かうしかありません。しかし、都の場合は小池知事が「待機児童対策をやりましょう」と言っても、自治体それぞれで判断があり、同じ方向に動くとは限りません。

問題が起きるのは、1つの自治体だけがうんと努力したときです。たとえば杉並区では田中良区長がすごく努力して、2018年4月に待機児童をほぼゼロにしました。そうすると、翌年は世田谷区から杉並区に多くの人が移ってきて大半の努力が無になるという、まさに「フリーライド」が起きるのです。出る杭は打たれるというか、「ただ乗り」されるので、各基礎自治体は互いに様子見状態となります。ほふく前進で周りを見ながら少しずつしか進まず、思い切った対策がとれないという問題が生じます。つまり、特別区であるがゆえに、行政区のような広域調整ができないという問題があるのです。

八田　昔から、介護サービスに関して、東京の基礎自治体間で同様なことが問題になっていました。保育にも発生しているわけですね。

■幼稚園が認定保育所に移行しない

鈴木　保育に関して、もう1つ、都特有の大きな問題があります。認定こども園（幼稚園と保育事業を同時に行う施設）の使い勝手が今ではだいぶよくなって、全国的には保育所定員の4分の1ぐらいが認定こども園ですが、都にはまだ5～6％程度しかありません。

八田　地方では、幼稚園が認定こども園に結構移ってきたのですか。

鈴木　そうです。なぜなら、地方では幼稚園に入る子どもが少ないので、幼稚園は一般的に経営に困っています。認定こども園に移れば、小さいうちから子どもを囲い込めるのです。低年齢児童を囲い込んで、そのまま預かり保育付きで幼稚園に上げられるので定員が埋まるというように、地方では認定こども園を作るインセンティブがものすごくあります。

しかし、東京都では文教族の議員たちが非常に強く、私学助成として、他県に比べて幼稚園に対する補助金の大盤振る舞いを行っています。本来、私立幼稚園は定員割れを起こせば、認定こども園に移ろうと工夫を考えるはずなのですが、定員割れしても都内の私立幼稚園はまったく平気なので、なかなか移りません。

八田　認定こども園は全国では結構利用されているけれども、東京ではあまり利用されていないという問題があるのですね。でも、文教族が幼稚園にジャブジャブ金を注ぐというのは、別に東京だけではないのでしょう。

鈴木　いやいや、東京都が特に深刻なのです。東京都の選挙区には文教族の大物国会議員が多く、都議会議員も文教族の子分たちが多いのです。そのため、国の制度にさらに上乗せして、都の単費で補助金を配っています。

八田　幼稚園に対する補助金が多過ぎるということですね。

鈴木　そういうことです。都にはせっかく幼稚園がたくさんあるのに、その活用があまり進んでいないという大きな問題があります。

2 小池都政の待機児童の解消策

■供給量増大を基本方針に

鈴木　行政の外から見ると、一見、待機児童対策は他の施策に比べて対処しやすい問題のように思えます。原因と対策はほぼ1対1ですので、たとえば、経済学者ならば、保育料を適切な水準まで引き上げればそれで問題解決だと、誰もが考えることでしょう。

しかし、現実に行政の中で対策を実施するのは、そうたやすいことではありません。保育料引き上げなど、政治的にはまさに最難関の政策手段で、簡単には実行できません。私が東京都の特別顧問として、最初に直面した障害は選挙があるということでした。2016年9月に就任したのですが、翌年6月に都議会選挙がありました。このため、なんと半年で目に見える成果を出さなければならなかったのです。保育料を上げれば、選挙で敵が鬼の首を取ったように批判してくるのはわかっていました。また、規制緩和についても「保育の質を守る」と称して既得権を守ることを絶対視する活動家たちが大勢いて、その勢力に支持されている政党もいくつかありますから、選挙において不利になります。

そこで何に注力したかというと、まずはとにかく保育の供給量、つまり受け皿を増やすことでした。

(1) 補助金の拡大

鈴木 どこで増やすかというと、社会福祉法人や公立の認可保育所などの既得権益を持つ者たちにはまったく期待せずに、株式会社やNPOに着目しました。小規模保育や東京都認証保育所もだいたいは株式会社やNPOがやっているので、こうしたフットワークの軽い事業者をターゲットにいろいろな補助金を出し、とにかくここで増やすことを第一目標にしました。一方、既得権益者側の既得権には一切触れず、遺憾ながら、戦略的に放置しました。

供給量が増えれば待機児童が減るので、選挙でももちろんアピールできるわけですが、一方で既得権側ではない新規参入組を増やしていくと、政治勢力もそちらが強くなります。彼らは今まではマイノリティーだったので、国の審議会などには入れませんでした。しかし、東京都内では、現在約1000ある社会福祉法人の認可保育所に対して、株式会社やNPOを合わせた認可保育所はすでに500を超え、約半数に達しています。そうなると、少なくとも都の審議会などでは、株式会社が大きな声で発言できるようになるわけです。だから、株式会社やNPOをとにかく増やすことを考えました。

そして、認可保育所だけでなく、小規模保育や東京都認証保育所、企業主導型保育所などの新しいジャンルの保育所があるので、そういうものにもどんどん予算を付ける方針をとりました。そうすれば、いずれ既得権者間、あるいは非既得権者と既得権者との間に競争が起きます。競争こそが、旧態依然たる保育の世界を健全な方向に変える原動力となります。将来的に、規制緩和などいろいろ手を使うことも考えましたが、とにかく今は、保育の受け皿を増やすことが突破口だと思いました。

八田　具体的には、認可ではないところに予算を付けるということですか。

鈴木　無認可もそうですが、株式会社やＮＰＯの認可保育所にも予算が回るようにしました。基本的に社会福祉法人にしか出ないような作りになっている国の補助金が結構あるので、その対象を独自に広げて、株式会社立の認可保育所、小規模保育所、企業主導型保育所、そして東京都認証保育所などにも使えるようにしました。

八田　株式会社が、建物に対する補助金が出なくて困っていたのは解決したのですね。

鈴木　施設整備費のことですね。すでに、規制改革会議などの努力により、国の制度でもだんだんと出せる範囲が増えてきましたが、いまだに社会福祉法人と同じ水準ではありません。ただ、都の制度でもある程度補って、イコールフッティングに近づける努力をしています。

八田　都の場合、認可保育所のうち、社会福祉法人の割合はどのぐらいですか。

鈴木　約4割です。株式会社とＮＰＯが現在、約2割。私が就任して以来、増加した認可保育所の実に3分の2が株式会社です。だから、東京都においては、株式会社の認可保育所がすでに結構な影響力を持つポジションにいます。

大きな流れとしてはまず、２０１６年9月に補正予算を組みました。これは総額１２６億円で、そのすべてが待機児童対策の予算という前代未聞の補正予算となりました。

特に株式会社でも使えるような施設整備費や賃貸料・借地料の補助金などをどんどん出しました。それから、目玉となったのは、都有地の活用事業です。

(2) 都有地の活用

鈴木 実は都内で一番の大地主は都庁であり、各局に分かれてたくさんの土地を持っています。それを保育所整備のために、区市町村に貸し出したり移管をさせたりしたのです。

八田 株式会社や認証に対しても貸すためですか。

鈴木 そこはあまり区別なく、社会福祉法人にも貸します。事業者の種類の分け隔てなく、無償で貸すことにしました。しかしながら、当然、最初は各局とも自分の土地を手放したがりません。そこで、副知事をヘッドにして各局を束ねさせ、号令を掛けたわけですが、それでも巧妙に隠す可能性があります。そこで、何をしたかというと、一種の「密告制度」を作りました。つまり、各基礎自治体の保育担当者や事業者が、近くにある都有地で、使えそうなものがあれば、この土地が使えないのかと都に照会したり、提案できる通報制度を作りました。小池都知事が命名し、「とうきょう保育ほうれんそう」という名前の窓口になりました。

(3) バウチャーの拡大

八田 施設費関係以外では、無認可の供給促進策としてはどんなことをされましたか。

鈴木 9月補正のときの隠れた大きな目玉は、無認可と認可の保育料差額を補助するための一種の「バウチャー」の拡大でした。実は、東京都内の各基礎自治体の中には、すでに、無認可保育所、特に東京都認証保育所と認可保育所の保育料の差額について、その一部を利用者に対して直接補助をしている自治体が多くありました。ところが、各基礎自治体が独自事業として単費で行っている事業なので、その金額はまちまちでした。千代田区のようにお金持ちの区は、ほぼ差額を埋められる4万円の補助を出していますが、多くの自治体が1〜2万円という程度で、まったく制度がない自治体もありました。所得に応じて出すところもあれば、定額で出すところ、低所得者にしか出さないところなど、実にまちまちでした。これですと、結局、無認可保育所の保育料がかなり高いという現実は変わりません。

そこで、千代田区と同じ制度に揃えるため、4万円までは都が差額補助を行うための予算を出すことにしました。実際に制度を運営するのは基礎自治体ですが、財政的裏づけを都が行う制度にしたのです。その結果、いまだに金額はまちまちですが、都内で差額補助を行っていない自治体は現在、ゼロになりました。無認可と認可の間の競争がこれで働き出すようになります。たとえば、東京都認証保育所に入っている利用者の中には、3歳になるまでは無認可のままでよいと考える人も増えるでしょうから、認可保育所に申し込みが集中することもある程度、緩和できると思います。年度途中で認可に移る利用者が減れば、無認可の採算性も増しますし、無認可への需要が増えますから、その供給増も期待できます。

(4) 供給増の障害

八田 結果的に、無認可の供給増は、スムーズに促進されましたか。

鈴木 まだ、制度を作ったところなので、効果が出るのはこれからだと思います。ただ、問題は、基礎自治体の中に、せっかくの都の補助制度を使わず、1〜2万円の少額補助を変えないと言っているところがいくつかあることです。これはどういうことかというと、保育団体、特に社会福祉法人の認可保育所が、差額補助制度の拡大に文句を言うという背景があるようです。つまり、無認可と認可の差額を埋められてしまったら、競争になってしまうので、都の制度を使わないようにと自治体の保育部局に圧力がかかっているらしいのです。これは、何とか都からも働きかけて、抵抗する自治体に使わせていくしかないと思っています。私自身は、東京都認証保育所の業界団体にも協力を呼びかけ、利用者から自治体に文句を言うように働きかけたりもしています。

八田　1～2歳児対象の小規模保育は伸びていますか。

鈴木　初めはずいぶん伸びていきましたが、現在は、頭打ちという状況です。というのも、3～5歳を保育できない制約があるため、基礎自治体の中には、3歳児以上の保育が心配だからとして、そもそも小規模保育を認めないところがあるからです。

八田　でも、3～5歳は待機児童の問題はかなり楽になるのではないでしょうか。

鈴木　確かに、3～5歳は待機児童が少ないので、0～2歳が小規模保育で対応できれば、それで十分なはずです。基礎自治体の中に、小規模保育の参入を認めないところがある背景も、おそらくは既存の認可保育所、特に社会福祉法人の保育所が、小規模保育の参入に反対しているということがあるのだと思います。3～5歳がないから小規模保育はダメというのは、単なる言い訳なのかもしれません。もっとも、今回、小池知事が国家戦略特区諮問会議の場で安倍総理の前で直訴して、小規模保育における3～5歳の受け皿拡大を特区として認めさせました。これで、各基礎自治体は、小規模保育の参入をこばむ理由がなくなりますから、よい方向に進むと思います。ただ、特区で制度を作ったとしても、実際に使おうという自治体が手を上げてこなければ、区域計画で認定することができません。いろいろ根回ししているのですが、残念ながら、今のところ、まだ、手を上げてくる自治体はありません。

八田 事業者による自治体への影響力がものすごく強いのですね。

鈴木 おっしゃる通りです。小規模保育の例に限らず、たとえば、都有地を各自治体に提供して「ぜひ使ってくれ」と東京都が積極的に働きかけても、自治体の方に都有地は要りませんと断られることがかなり多くあります。たとえば、都の土地で、整形もしてあって、「すぐ保育所が建ちますよ」と自治体に移譲したいとこちらから積極的に提案しても、自治体の中には、「社会福祉法人から300mしか離れていないので、その土地は要りません」などと言ってくるのです。「こんなに待機児童がたくさんいるのだから、300m隣同士でも、十分に両方の経営は成り立ちますよ」と言うのですが、社会福祉法人立の保育所の経営に影響することをおそれて、自治体の保育部局が嫌がるのです。

八田 これは、薬局を近距離に作ってはいけないという県の不許可決定が、最高裁の判断で違憲になったのと似ていますよね。

鈴木 その通りですね。保育の場合は実際には距離の規制はないのですが、自治体が既存の保育所に対して忖度して、恣意的な「認可制度」を使って、競争を制限しようとするのです。それを打ち破る手がなかなかなくて困っていましたが、その意味で、昨年（2017年）から内閣府が主導して始めた企業主導型保育は、ある意味ですごいブレークスルーです。この企業主導型保育は、自治体の認可が必要ではなく、単に内閣府に届け出るだけで（届出制）、認可保育所並の補助金が出る保育所を作ることができます。つまり、自治体による参入規制を乗り越える制度ができたわけで、これをどんどん押すべきだと思います。実際、昨年度は、企業主導型保育によって、いきなり全国で7万人分の保育の受け皿ができあがりました。今年度もすごい勢いで増えると思います。まさに、政治的に不可能と思われていた制度ができたわけで、これは一種の「社会実験」です。認可という参入規制を撤廃して届出制にしたら、いかに保育所がたくさんできるか、実験によって証明したようなものです。東京都でも、企業主導型保育所に対して、備品費をすべて東京都独自に補助するなど、企業主導型保育を拡大するための支援措置をいろいろ実行しています。

■保育士の給料アップ

鈴木　2016年9月の補正予算や2017年度の当初予算では、保育士の給料アップ策も大々的に行いました。

実は、保育士の対策として、宿舎借り上げの補助制度を国が作ったのですが、使い勝手が悪いのです。5年目までの保育士に対してしか家賃を補助しない制度だったのですが、東京都独自に6年目以降も支援することにしました。しかも、国の制度では制限されていた株式会社やNPO、東京都認証保育所等でも使える制度にしました。

八田　以前は社会福祉法人だけだったのですか。

鈴木　国の制度は、基本的には社会福祉法人でないとなかなか使えない仕組みになっていたのですが、広げました。

八田　国は文句を言わなかったのですか。

鈴木　東京都の単費の予算ですべてやっていますから、文句は言えません。根っこは国の制度ですが、それを都で予算を出して広げています。月額8万2000円まで家賃補助が出せる制度なので、実質的にものすごい給料アップにつながっています。

八田　認証も使えるのですか。

鈴木　東京都では使えるようにしています。2017年度の当初予算では、保育士の給料アップ自体もかつてない規模で行いました。月額プラス2万円上乗せして、その前年にも2万円乗せているので、実績4万円上乗せしたことになります。これにより、都内の私立認可保育所の保育士の平均給料は、月額34・5万円にもなりました。東京都認証保育所などの無認可保育を合わせても、月額平均給料は32・0万円です。これは、関連職種である私立幼稚園教諭などの平均月額32・3万円とほぼ遜色がない水準です。先の月額8万2000円の家賃補助を合わせれば、もはや、都内の保育士の給料の水準が低いという問題はほぼ解決できていると言ってもよいでしょう。

八田　ということは、認証であろうがどこであろうが、保育士の給料アップのための補助金を出すということですか。保育士の所得が、認可の場合（特に公営の場合）とそうでない場合とでずいぶん差があったことに関しても、完全になくなりはしないけど、相当縮めたのですね。

鈴木　その通りです。補正予算、当初予算と初めが肝心ですので、さまざまな抵抗がありましたが、驚くべき給料アップを行ったのです。近隣の県知事たちからは「県から保育士が東京に逃げていく」と恨みを買いましたが、そんなことは気にしてはいられません。たとえば、千葉県から保育士が東京に移るのであれば、千葉県も上げる努力をしてくださいと言うまでです。

■**その他の施策**

鈴木　それから、私立幼稚園にもさまざまな対策をしました。すでに言ったように、幼稚園は私学助成が手厚いので、なかなか認定こども園になろうとはしないのですが、預かり保育の拡充に対して追加的に補助する制度を作りました。つまり、幼稚園は10時頃に始まって15時頃に終わるのですが、その後17時とか19時まで預かるところに対して、追加的な費用を補助する制度を導入しました。それから、幼稚園は長期休業期間に保育士がいないという大きな問題があるのですが、ここにも追加的に費用を補助することにしました。私学助成でかなりもらっているけれども、それに加えてさらに追加分のお金を出してくれるのであれば、預かり保育拡充をしようとするだろうと考えたのです。認定こども園に看板を掛け替えなくても、預かり保育を充実すれば、幼稚園でも十分に保育の受け皿になることができます。

それ以外の大きな施策としては、民有地に保育園を建てたり、保育園に貸し出したりする場合に固定資産税をゼロにする制度を作りました。その他、保育士が職場復帰する場合に、待機児童になった場合にはベビーシッター代を月額28万円まで補助して、スムーズに職場復帰できる制度を作ったり、とにかくたくさんの政策を作り出しました。

■難しい保育料の引き上げ

八田　保育料の引き上げはどうなっていますか。

鈴木　ここが頭の痛いところですが、実はまだ実行できていません。「まだ」というのはどういうことかというと、保育料を決めるのは各基礎自治体なので、東京都が頭ごなしに命令するわけにはいかないからです。また、基礎自治体の立場に立って考えても、一種のカルテルのようにみんな保育料が安いという状態になっていますから、どこかの自治体が単独で保育料を引き上げると、その首長は、出る杭は打たれるということで、袋だたきの批判にあうのです。だから、保育料引き上げは、各基礎自治体でカルテル的に「いっせいのせ」でやるしかありません。そこで、まず都内の全自治体の首長が集まる待機児童対策会議を始めました。ここで自分の自治体の保育料はいくらかといった情報公開から始めます。われわれは各自治体に命令はできませんが、首長は横並び意識がどうしてもあるので、他の自治体の保育料が自分のところよりも高ければうちも合わせようと考えるわけで、上げる機運を熟成させていく。その上で、待機児童対策には予算が掛かりますから、それを言い訳にして、待機児童対策の進捗と伴にカルテルのように少しずつ、皆一緒に引き上げていくことを展望しています。

八田　それから先ほど、保育料が安いと近隣から流入してしまう効果があるという話がありました。同じく保育料が安い世田谷区から杉並区に流入するのはなぜですか。

鈴木　世田谷区は安いのですが、全国で最も待機児童が多く、一方、杉並区は待機児童ゼロに近い水準まで来ているので、杉並区に移っていくのです。

八田　だから、ある意味では杉並区はもっと保育料を上げればいいのですね。

鈴木　そうなのです。実は今年度、杉並区は保育料を引き上げました。なぜ上げることができたかというと、「ものすごく努力して待機児童をここまで減らして、財政も相当苦しくなったので、保育料を上げさせてくれ」と言えたからです。議会も待機児童がゼロなのですから、保育料引き上げ案を通さざるをえなくなりました。

だから、供給増をとにかく行って、待機児童減少を目に見えるようにすることが、実は、保育料引き上げという政治的にきわめて難しい政策手段を使うための鍵なのです。首長会議については、保育料アップだけではなく、横並び意識を喚起して、待機児童対策のレベルを合わせるという効果もあります。保育料のアップやいろいろな規制緩和策をしている自治体――たとえば朝夕の保育士は無資格者でいいという制度を使っている自治体など――を、首長会議ではすべて見えるようにしました。都が作ったいろいろな制度についても、使っているところと使っていないところを表にまとめて渡しました。そうすると、ある首長はそれまで状況をわかっていなくて、「うちはこんなに使っていないのですか。すみません」と謝るようなことがあったりして、意外と効果が出ています。平場ですべて情報公開することが重要なのです。

■企業主導型保育の強化

鈴木　２０１７年9月の対策では、企業主導型保育所に対するいろいろな補助を大々的に創設しました。先にも言いましたが、この企業主導型保育というものは本当に画期的な制度です。企業主導型保育は、内閣府が２０１６年に作った制度で、国が補助金を出す一種の事業所内保育です。企業が作る保育所ですが、企業内の人も入れられるし、半分は地域枠を設定してもいいという制度になっていて、これが周辺の待機児童の受け皿になるというものです。

私は当初、企業主導型保育をばかにしていたのです。東京は通勤時間が長いので、都心の企業に企業主導型保育所を作っても、まさか満員電車に子どもを乗せるわけにはいかず、こんなものが普及するわけがないと思っていたのです。実際、初めはとても低調で、２０１６年9月には片手で数えるぐらいしかなくて、やはりダメだと思っていたのですが、その後爆発的に増え、今や定員5万人ほどにまでなっています。年度内にさらに追加された分を含めれば、昨年度（２０１７年度）、計画分も含め、7万人もの定員が増えています。

八田　東京の場合、車で子どもを連れてくるのですか。

鈴木　1つは、東京にも郊外が結構あるということです。郊外は職住接近のところに保育所を設置できますから、確かに便利で需要もあります。この企業主導型保育は、内閣府が補助金を出しているので、質はある程度高くて認可並みですが、認可並みの補助金が出ているので、月額4万円ぐらいの保育料です。東京都認証保育所の平均月額保育料は6万５０００円ですから、それよりも安い。きわめてお得な無認可保育所という位置づけになって、かなり人気です。

もう1つは、都心でも地域枠があることがミソなのです。地域枠を半分設定しているので、事実上安くて、しかも質が高く、保証された無認可保育所という位置づけで、従業員以外の地域の人々が保育所を利用することで採算が合うのです。ポピンズやニチイ学館、ピジョン、ベネッセもそうですが、元々保育をしている事業所が自分たちの従業員のためとして都心に保育所を設置し、半分の地域枠で採算を合わせるというビジネスモデルなのです。しかも、今年（２０１８年）３月に地域枠は99％までＯＫという通達が出たので、これは企業の福利厚生と言うよりは立派に地域に開かれた保育所です。だから、東京都としても、これを利用しない手はありません。

しかも、すでに述べたように、認可制ではなくて届出制という大変なブレークスルーがあります。すばらしいのは、各自治体が「社会福祉法人に近いからダメだ」と言えないことです。できた後にしか自治体はわからないシステムなのです。

八田　保育士の数にも規制があるのですか。

鈴木　保育士は有資格者が半分でいいという制度です。小規模保育と同じです。これも、有資格者割合を原則10割にしなければならないという規制のある認可保育所に比べて、大変有利な制度となっています。

八田　５歳まで大丈夫なのですか。

鈴木　５歳でも大丈夫です。実際には、０～２歳までのところがあるなど、さまざまです。要するに、既存の事業所内保育の新ジャンルなのです。それにしても、よくこんな制度を内閣府は作れたものだと感心しますよ。すごいブレークスルーです。

八田　社員は子どもをどうやって連れてきているのですか。

鈴木　都心の場合、社員は事実上、あまり預けません。通勤電車で通ってくるのは大変ですから。

八田　私は前に勤めていた港区六本木にある政策研究大学院大学で保育所を作れると思ったのです。

子どもをもうける事務職員や先生も結構いるし、地元の人も入れればどうかと提案したのですが、「通勤電車で子どもを通わせるのは無理です」とみんなが言うのでやめました。でも、今のように99％まで地域の子どもを受け入れられるという制度であるのならば、できるのではないでしょうか。

鈴木　そうですね。これは事実上、地域に開かれている便利な保育所なのです。私も見誤っていたという感じなのですが、東京都では、ここにガンガン補助金を出すことにしました。特に、国の制度では無認可保育所の保育士に対して給料補助が出なかったのですが、都の独自制度として、地域枠に応じて給料増を行える補助金を出しています。今後も、さまざまな支援策を行うべく、アイデアを練っているところです。

■0歳児家庭保育への補助強化

鈴木　2018年度予算として今、都議会に諮っている待機児童対策の大きなポイントとしては、0歳児を無理に認可保育所に入れないで、育休を活用したり、保育ママなどを利用してもらえる制度の確立があります。これも昨年、小池知事が安倍総理に直訴したことをきっかけに、現在、2歳まで育休の枠が広がりました。そこで、1歳まではとにかく育休をとってもらうことにして、育休を切り上げて、月齢の小さい0歳児クラスに無理に入れてくるという利用者の行動を改めるように誘導します。育休を十分にとっても1歳児クラスからしっかり入れるようにするために、0歳の定員は1歳に振り分けて1歳児クラスの定員を増やす事業（1歳児移行事業）を始めます。また、0歳から保育を必要とする場合でも、コストの高い認可保育所ではなく、保育ママを活用してもらうために、保育ママへの予算を増やしています。

八田 江戸川区などが、区の予算で、保育ママの補助をやっています。それを都でも行うのですね。

鈴木 そうです。基本的に基礎自治体がいろいろな施策を行うのですが、その裏づけとなる財政支援をしています。

八田 補助金ですね。従来そういうものはなかったのですか。

鈴木 なかったのです。

八田 これは大きいですね。しかし、保育所側としては、0歳の方が補助率が高いですよね。

鈴木 そうです。0歳から1歳に定員を振り替えると損が出てしまう可能性があります。そこは補助金として少し色を付ける形にしています。

八田 1歳児の方に色を付けているのですか。

鈴木 そうです。ただ、0歳児から1歳児に振り分けると、そもそも定員を増やせる（保育士1対児童3という配置制約が、1対6に緩和できる）ので、その分もインセンティブとして機能します。

実際に、1歳まで育休をとっても、本当に1歳児クラスに入れるかという問題があります。そこで、もし、入れなかったら都が補助を出してベビーシッターを雇えるような制度を考えました。ベビーシッター代は月額平均32万円と結構高いのですが、28万円までを都と自治体が補助し、利用者の自己負担は4万円だけでいいという制度にします。ベビーシッターは有資格者とは限らず、いくらでも増やせるので、認可保育所に入れるまでベビーシッターも使い放題という制度にするのです。ここまでやれば、安心して育休を1歳までとることができるようになると思います。このベビーシッター代に、2018年度予算では、なんと約50億円もの予算を計上しています。

八田　認可保育所に入ると、いくらかかりますか。

鈴木　2万円です。

八田　そうすると、ベビーシッターの方が高いのですね。

鈴木　そうですね。でも、平均6万5000円の認証に入れるよりは安いです。それから、そこまで保育の利用者に保育負担が低くなるインセンティブを付けてしまうと、今度は、家庭保育に逆のインセンティブが付いてしまいます。つまり、本来、専業主婦として自分で育てようという人まで、こんなに安いのであれば保育所やベビーシッターに預けようということになってしまいます。そこで、家庭保育に対しても、多少のバウチャー的なインセンティブとして、一時保育やベビーシッター代にある程度使える補助金を出す形で、家庭保育へのインセンティブも付けるようにします。

八田　壮大な補助金ですね。

鈴木　「大人の解決方法」ですね。もちろん、いつまでもこのようなことは続けられないので、どこかで抜本的な制度改革に踏み込まなければなりません。

八田　将来的にはそれをバウチャーに組み替えるのですね。

鈴木　そうですね。

八田　そして、国がやってくれると一番いいということですね。

鈴木　その通りです。だから、都が先行して成功事例を作って、これを国の制度にしてほしいと働きかけようと考えています。

■0、1歳児保育の不均衡

八田 そうすると、これまでいろいろ議論されてきたことの多くの問題が解決できます。特に、今までいろいろなところで言われたように、0歳児と1歳児の不均衡が待機児童をまったく不必要に作り出していたわけです。しかし、配置さえ変えればずいぶん解決するということだったのですが、実際に組み替えは始まったのですか。

鈴木 予算が通るのを見越して、各自治体や業界団体への根回しに動いています。

八田 では、これからですね。そうすると、これ自体が待機児童の解決にものすごく役に立つかもしれません。現在、0歳児がものすごく殺到してしまっていますが、それがなくなるわけですね。

鈴木 はい。合成の誤謬のようなものなので、無理してでも0歳児に入れる人がいるから、皆、育休を切り上げて0歳児から保育園に入れざるをえないという不幸な話です。われわれはそうならないように、インセンティブを付け1歳から預けるように誘導しようとしているのですが、もっと手っ取り早い手段は、江戸川区の公立保育所のように預けるのは1歳児からという制度にして、少なくとも認可保育所は0歳児を受け付けないようにしてしまうのが一番だと思います。

八田 おっしゃる通りだと思います。そして、0歳のところは、低所得者は別にして、基本的には自前ということですね。

鈴木 禁止ということもよくないので、もし0歳児で認可保育所に入れたいのであれば、保育料を月額10万円ぐらいにするのがよいと思います。それでも実際にかかっている運営費用の4分の1程度です。育休以外の手段としては、保育ママや小規模保育、東京都認証保育所などがあります。それらの他の手段を活用してもらって、0歳児のうちは、コストの高い認可保育所をなるべく使わないようにしてもらうのが一番だと思います。

3　今後の施策

■保育士の代行

八田　あと、保育士の代わりとして、他の資格を持った人の活用は進んでいますか。

鈴木　そうですね。残念ながら、それも活用がまだ進んでいません。

八田　認証では、やっているのですか。認可では無理なのですね。

鈴木　そうです。東京都認証保育所や小規模保育、事業所内保育などではもちろん精一杯やっていますし、認可保育所の方でも国が２０１６年４月に、①幼稚園教諭と小学校教諭は活用可能、②朝夕などは２人ずつのうち１人は、子育て支援員などの無資格者でいいことにしました。

国家戦略特区ワーキンググループで厚生労働省にヒアリングすると「結構使っています」と言うものの、都庁で調べたり、現場の保育関係者に聞くと、あまり使われてはいないようです。「活用可能にした」という自治体は多いのですが、実例としてあまり使っていないというのが実情のようで、だから、ここはもっと活用させる努力をしなければなりません。

八田　幼稚園・小学校教諭の活用は、１対１なのですか。数として保育士１人を減らせば、教諭１人を増やせるということですか。

鈴木　そうなのですが、基本的に3歳以上の部分に幼稚園・小学校教諭の活用を行うという制度なので、0~2歳の待機児童が最も多いところには充当できないのです。朝夕の無資格者はみんな期待していたようですが、多くの基礎自治体が実際問題として、活用を認めない運用をしているようです。だから、まずはすでにあるこの規制緩和策を普及させなければなりません。その上で、それでも保育士は全然足りませんから、さらなる規制緩和を厚生労働省に迫るべきです。昼間の時間帯にも、子育て支援員などの無資格者を配置することを認めるべきです。現に、無資格者の活用を朝夕は許しているわけです。また、決められた定員外の場合は昼間も無資格者でいいという制度になっています。そこから一歩進めば、昼間の時間帯も一部は、子育て支援員などの無資格者でいいでしょうということになります。

八田　子育て支援員は、今どこで活用しているのですか。

鈴木　保育ママもそうですし、東京都認証保育所や企業主導型保育でも活用しています。認可保育でも、たとえば小規模保育は5割まで子育て支援員などの無資格者を活用できる制度になっています。

八田　認証保育所の場合、正規の保育士の数は半分ですが、子育て支援員を合わせると、認可並みの数なのですね。

鈴木　その通りです。保育従事者という意味では、認可保育所とまったく同じ基準で保育士数を配置しています。実は、保育士不足は認可保育所でも深刻な問題となっており、無資格者を活用したいという声は、認可保育所の中からも聞こえてきます。たとえば、育休明けで出てくると保育士は短時間勤務を望むことが多いので、その前後は他の保育士に残業させて使うのですが、それだけではきついので、お手伝いとして子育て支援員を入れたりしています。もちろん、定員の枠外のところで入れていて、補助金の算定には入れられませんが、そのような無資格者を入れての工夫は広く行われています。子育て支援員は、すでに認可保育でも結構活用されているのですが、すぐ取れてしまう資格なので、もう少し訓練して、みんなが安心できるようにして、他にも活用できるように自治体が独自に研修してハードルを上げることは一考に値します。

八田　いろいろ評価の観点はあると思うけれども、ポピンズの中村紀子氏がよく言うのは、都の第三者評価の結果で認証保育所の方が認可保育所よりも人気があるのです。それは、保育士の数が少ないにもかかわらずですよね。その点では、子育て支援員もかなり役に立っていますか。

鈴木　ものすごく役に立っています。子育て支援員ですら、今は不足しているぐらいです。

八田　1対1ではなくて、保育士を2人減らすのであれば支援員を3人入れるとか。

鈴木　私もそれがいいと思います。実際、保育で重要なことは子どもを見守る「目」が多いということですから、支援員を使うのであれば、保育従事者の配置人数を増やすぐらいの基準にして、利用者に安心してもらう必要があると思います。

八田　それならば、認可保育園でもやっていいということですね。

鈴木　そう思います。

八田　実績がそれを証明しているという感じがします。

鈴木　保育従事者、つまり、トータルの保育所の「先生」の数は増えるわけです。ただ、厚労省的には朝夕と幼稚園教諭の昼間の配置を2016年4月に許したところなので、ここを評価できるぐらいまで制度が浸透しないと次を考えられないというのは理解できます。私のような国家戦略特区の委員から見ても、自民党の部会などで、前回の規制緩和策を通すとき厚労省の努力は鬼気迫るものがありました。しかし、もうそれから1年以上経っていて、「そろそろ別の手を打ってはどうですか」と言える時期に来ていると思いますので、保育士不足の深刻化も相まって、厚労省もそろそろ次の規制緩和を考えざるをえないところに来ているのではないかと思います。

規制緩和の突破口として、一番入れやすいのは、育休後に復帰した短時間労働の正保育士の前後の時間を無資格者で埋めるというアイデアです。これならば、職場復帰策として、正保育士たちから構成される保育労組も受け入れやすいと思います。実は、保育所は若い女性たちの職場ですから、産休・育休をとる人がとても多いのです。適齢の方が多くて、だいたいどこの保育所でも1~2割ぐらい休業者がいます。復帰しても短時間しか働けないので、昼間の一番いい時間帯をとってしまうのです。そうすると、朝夕とか前後でシフトを組んでいたのに真ん中にがっと入られると、労務管理がきわめて難しくなります。結局、重複して配置して補助金のない定員外の扱いにせざるをえない場合もあるようです。だから、育休復帰した短時間保育士の前後に無資格者を入れさせてください、その分を補助金にも反映してくださいというのは無理がないのではないかと思います。

■地域ミスマッチの解消

八田　かなり大きな問題が抜本的に解決されたと思うのですが、待機児童を減らす方法としては、場所のいい保育所の料金を上げるような、要するに需給を反映するような保育条例の改正が挙げられます。言ってみれば、バウチャーの精神そのものです。補助金は場所に関係なく与えるけれども、追加的にいいサービス（駅に近いなど）の部分は、自分で支払ってもらうという制度まではまだ考えていないのですか。

鈴木 そうですね。無認可に対するバウチャーで現在やっているものは、事実上そうなっているわけです。バウチャーの金額以上の部分は自分で払えということになっていて、無認可保育所の保育料は賃料をきちんと反映していますから、便利なところほど高くなります。問題は認可保育所で、認可保育所の保育料はそのような制度にはなっていません。

八田 そうすると、認可における制度改革が抜本的に必要ですね。

鈴木 そうです。認可にもバウチャーを入れて、直接補助にすることなどを考えるべきです。

八田 要するに、補助金を一定額にして、あとは勝手にやってくれということですね。

鈴木 ただ、今はそれは政治的に不可能です。でも、無認可や株式会社の方が、数がどんどん増えてくれば、無認可の政治勢力が増しますので、大きな声を出すことができるようになります。それから、株式会社の認可保育所の方も、バウチャーのような制度で直接契約・直接補助でやった方が創意工夫の余地ができるので、その方がいいという事業者が出てくるはずです。

八田 今は株式会社でも、認可のところはそういうことができないのですね。

鈴木 はい。でも、ポピンズでもベネッセでも、株式会社で認可保育所をやっている事業者は元々、異業種から入ってきているので、市場経済の仕組みをよくわかっています。だから、市場化するのであればその方がいいという事業者は増えるはずなので、いずれ押し切れる可能性はあると思います。

八田　現実に、都内の待機児童がものすごく深刻な地域でも、駅から少し離れたりすると空いていることに対する即効的な対策はありますか。

鈴木　送迎バスと駅に設けたピックアップステーションのセットで解消するべきだと思っています。東京でもそういう制度を自治体が作るための補助金を作っています。

八田　横浜市では行われていますよね。

鈴木　やっています。一番有名なのは千葉県流山市です。都内では江東区や練馬区、町田市などがやっています。ところが、都内の多くの区市の場合、駅にピックアップステーションを作ると、区の中でサービスを閉じられないのです。つまり、どこかの駅にピックアップステーションを作ると、駅から行ける保育園は杉並区と世田谷区に分かれたり、江東区と江戸川区に分かれたりするのです。駅というのは大体そうで、近隣住民を行政区できれいに分けられることはありません。そうなると、基礎自治体としては自分の地域だけを回ってくださいというわけにはいかないので、手を出さないのです。東京の場合は基礎自治体が小さいので、地域がまたがってしまう場合が多く、それがこうした制度が活用されない1つの理由だと思います。こうした制度は都で広域調整をするべきだと思うので、ピックアップステーションを都で作って、バスも都バスを使って、運転手のＯＢを活用したりすれば、ずいぶん違うことになると思うのです。

■公立保育所の役割

八田　公立保育所の役割については、何かありますか。

鈴木　労働組合が強いので、改革はなかなか厳しいです。いまだに加配があったり、贅沢基準もなかなか改まりません。しかし、それを逆手にとって、公立保育所は特別の手厚い措置をしているので、たとえば、障害児童をきちんと受け入れるとか、低所得者などの社会的弱者を多く受け入れるなど、「最後の砦」的な役割を担ってもらうことがよいと思います。現在、介護の分野では、補助金の手厚い特別養護老人ホームに重度の要介護者を集めるようにして、有料老人ホームなどの特定施設と役割分担を図っています。同じような発想です。難しいご家庭の指導もする分、高給をとっているのだからということで活用するのであれば、それはそれでいいと思うのです。

八田　実際は障害児と、あとは何でしょう。

鈴木　モンスタークレーマー。

八田　モンスタークレーマーを、私立は断ることができるのですか。

鈴木　できないですが、そこを私立認可保育所は直接契約にして、断れるような制度にすればよいのです。断られたくない人は公立に行ってくださいというふうにします。私立は大喜びでしょう。

八田　認証は断れるのですか。

鈴木　東京都認証保育所は直接契約ですから、経営者の判断次第で断れます。

八田　認可が断れないのですね。

鈴木　はい。行政が割り当てをしている制度なので、そもそも断るという概念がありません。でも、それはやらせてもいいと思うのです。私立の小中学校だって落第になれば、義務教育の公立小中学校に移ります。公立保育所は、絶対断られない公立の小中学校のような位置づけにするということです。

それから、現在、加配が生じているということも活用できる余地があって、加配分は本来要らないので、その保育士たちを新しくできた小規模保育や認証などに指導係兼保育士として出向させて活用することが考えられます。その代わり、従前の給料は保障してやって、派遣事業として活用すればいいと思うのです。

八田　横浜市で非常に顕著だったのは、公務員の保育士がずいぶん減ったので、それを機会に公立保育所をどんどん民間の保育所に移管していったことが合理化の大きな源泉になったということです。都ではそういうことをしているのですか。公立保育所を減らして、それを認証か何かにシフトしているのですか。

鈴木　公設民営はしています。でも、それをさらに民設にするところまではなかなかいっていません。おもしろいのは武蔵野市です。あそこはスポーツ振興事業団という第三セクターを持っているのですが、そこに公立の保育士たちを出向させて、民間雇いにしてしまうという改革をしました。

八田　純粋な民営ではないのですね。

鈴木　公設民営なのです。公立なのですが、雇っているのは民間です。ずいぶん給料の水準を下げたようです。

八田　公設民営は結構やっているということですが、横浜市の場合は完全に民営です。

鈴木　都はさすがにそれは厳しくて、公設民営が多いです。公設民営といっても、社会福祉法人を入れているところが多いです。利用者も文句を言うし、保育団体も文句を言うので、そこをまず、株式会社などに変えていくことから始めるべきですね。

4　おわりに

八田　国では保育に大規模な予算をつぎ込みたいと言っているのだけど、今のお話は、つぎ込み方が重要だということですよね。全部無料にしてしまうのではなくて、どこにお金をつぎ込めばいいかという。

鈴木　効率的なところにつぎ込むということです。特に株式会社などは施設整備費が少ないので、同じだけお金を使ってもレバレッジが高いのです。

第III部

保育政策への提言

●序章扉
［写真提供］電力・ガス取引監視等委員会
●第７章扉
［写真提供］八代尚宏

第7章 介護保険との比較で見た保育制度改革

八代尚宏

昭和女子大学特命教授

Naohiro Yashiro

専門は労働経済学、法と経済学、経済政策。OECDシニアエコノミスト、経済企画庁計画官、上智大学国際関係研究所教授、日本経済研究センター理事長、国際基督教大学教養学部教授等を歴任し、2015年4月より昭和女子大学グローバルビジネス学部長・特命教授(現職)。

はじめに

政府は、2017年に保育所に入れない待機児童を2020年度までに解消することを目指す「子育て安心プラン」を打ち出した。しかし、現行の福祉制度のままで、単に必要な財源をつぎ込めばよいという単純な戦略では、保育の問題はとうてい解決しない。現行の認可保育所の基盤となっている児童福祉法は、2000年に介護保険制度が設立される以前の高齢者福祉と基本的に同じ制度である。いずれも保育や介護は基本的に家族の責任であり、それが可能でない一部の母子世帯や低所得層のための児童や高齢者福祉という考え方に基づいていた。

今後、高齢者が持続的に増加する社会では、高齢者の介護を担う家族の負担は高まる一方となるため、それを社会全体で幅広く分担することが必要となる。そのためには、医療保険と同様な公的介護保険制度を設けることで、要介護者とその家族を支援する必要がある。それと同時に、社会福祉法人等との対等な競争条件のもとで、民間企業を主体とした介護サービスの供給を増加させなければならない。これが2000年の「福祉の基礎構造改革」の基本的な理念であり、介護サービス需要を支えるための介護保険制度との車の両輪で、その後の高齢者介護サービスの供給は飛躍的に拡大した（炭谷、2003）。

これに対して、介護保険のような抜本的な改革に乗り遅れた保育分野では、女性の急速な社会進出にもかかわらず、限られた数の低所得層への支援を前提とした、無料や低額での手厚いサービス体制のままとなっている。このため、必ずしも所得水準の低くない一般的な家族でも保育への需要が高まるなど、膨大な潜在的保育需要に直面している。その氷山の海面に現れた一部が待機児童となっているだけであり、単にその解消を政策目標とすること自体が妥当ではない。現在は保育所の利用を諦めている利用者が、近隣の保育所に空きができると、新たに申し込むことから、待機児童は「逃げ水」となっている。

さらに、一時的な子どもの預かり保育は、働いていない専業主婦にとっても必要である。これは、高齢者のデイケアセンターの利用が、家族の所得水準やその就業状況に左右されないことと同様である。いずれもサービスの質に応じた適切な価格で提供される「健全な市場サービス」と考える必要がある。

今後、男女がともに働き、ともに家事子育てを行うことが普遍的になる社会では、低所得層への直接補助を前提に、基礎的な保育サービスが確実に保障される一方で、付加価値の高い保育サービスにはそれに見合った自由な価格づけが必要とされる。そうなれば保育サービスは幼児教育等と結びつき、少子化時代の成長産業として発展する余地が大きい。そうしたビジネスモデルが国内で確立すれば、それは東アジア等、海外にも輸出可能である。これが本来のアベノミクスの成長戦略と言える。

1　待機児童はなぜ解消しないのか

待機児童とは待ち行列の一種であり、それが長期にわたって解消しないのは、需要増加に見合ってサービス価格が上昇し、需要を抑制するとともに供給増を促す、通常の市場メカニズムの仕組みが欠けているためである。これは、一部の低所得層を対象とした児童福祉の枠組みの制約から生じている。このため現行の保育制度は、政府が需要を予測し、それに見合った保育所を整備する「政府管理市場」となっている。しかし、政府の需要見通しは常に楽観的で、価格が低位に固定されているもとでの需要の増加に、保育所の供給が追いつかない状況が続いている。

■政府の子育て安心プランの問題点

2017年の子育て安心プランでは、2018年度からの5年間で保育所の定員数を32万人分増やし、全国の待機児童を解消させるための予算を確保するとしていた。これが2年間前倒しされて、2020年度が目標年となっている。これは2016年の2・4万人の待機児童だけでなく、子育て期(25～44歳)の女性の就業率が、現在の73%からM字型カーブがほぼなくなる80%にまで高まることで生じる、新たな保育需要の増加にも対応したものとされている。しかし、この試算の前提には以下のような問題点がある。

第1に、日本の女性の年齢別の労働力率には、欧米にはほとんど見られない子育て期に落ち込む、「M字型」の就労パターンが見られる。もっとも、最近になると、この底の部分が急速に高まっており、女性の子育てと就労との両立の困難さが解消されつつあると言われる場合が多い(図7-1)。しかし、それは必ずしも正しくなく、未婚と既婚女性に分割してみると、未婚女性の就労パターンは男性に近い釣鐘型であることに対して、既婚女性は年齢に比例して就業率が高まる右上が

図7－1　女性のM字型就業率の推移

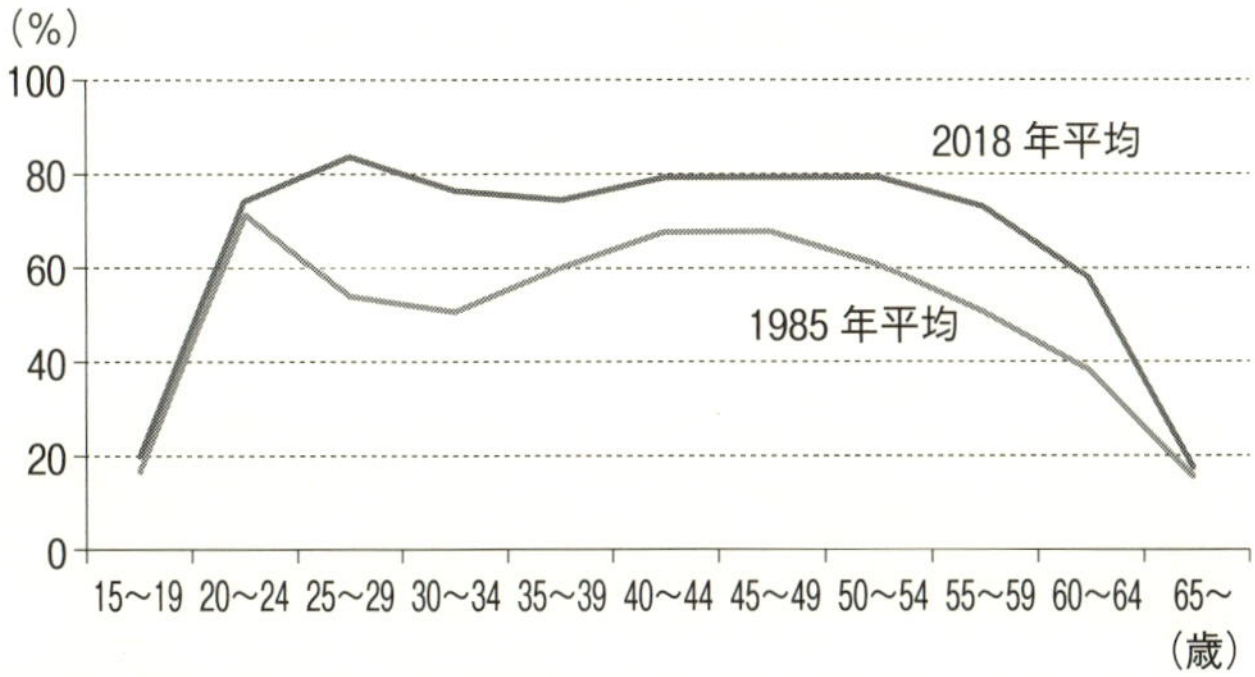

出所）総務省統計局「労働力調査」。

りのパターンとなっている（図7－2）。

最近のM字型の底の部分の高まりの主因は、保育所の充実等による既婚女性の就業率の高まりによるものであるが、同時に子どものいない単身女性の比率が高まっている「未婚化」による面も大きい。ここで未婚者も含めた平均的な女性の就業率自体を目標とすることは、労働政策ならともかく、保育需要との関係では大きな意味はない。保育需要に大きな影響を与えるのは子育て期の既婚女性の労働力率であるが、その水準は2018年でも70％に過ぎず、単身女性の90％と比べて、依然大きな差がある。この両者を平均した女性全体の就業率が80％の水準に達すれば、それが保育需要の上限という政府の見通しには、ほとんど根拠はない。

第2に、待機児童数は、保育所が増加するほど、それに比例して増える「逃げ水」である。これは保育所が満員で仕事を辞めざるをえなかった女性が、保育所が利用できるようになれば新たに申し込むためである。たとえば内閣府の調査では、出産で離職を余儀なくされた女性

図7-2　未婚・既婚別女性の年齢別就業率

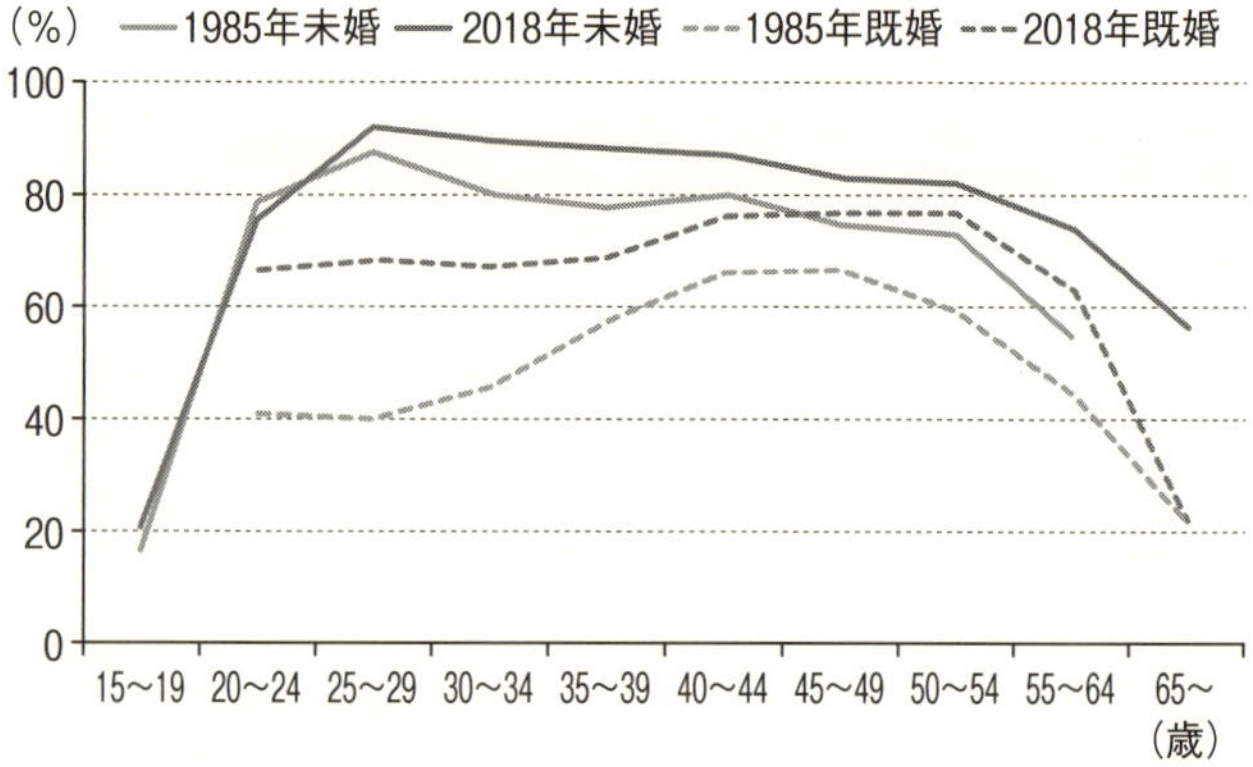

出所）総務省統計局「労働力調査」。

のうち、約5割（複数回答）が保育所の不足を挙げている（内閣府、2013）。今後、保育所の充実とともに、この潜在的な保育需要が顕在化する、「供給が需要を生む」メカニズムは、政府の子育て安心プランの試算には含まれていない。

第3に、将来の保育サービス需要を、その一部に過ぎない保育所への申込者である待機児童数に限定することは、現行の保育制度の抜本的な改革をしなくても、単なる予算措置だけで今後の保育需要への対応が応可能という誤った政策判断を導くことになる。これは2000年に福祉から大転換した高齢者介護が、家族が介護する場合も含めた要介護者全体の増加への対応を前提に政策を定めたことと対照的である。高齢者介護との比較では、わずか数万人の目に見える「待機児童」という部分的な事象ではなく、義務教育前の子ども（600万人）の全体を対象とした潜在的保育需要に対応することが必要である。これは今後の人口減少社会では、女性が働くことが普遍的な社会となるだけでなく、保育は専業主婦にとっても一定の範囲内で必要なサービスだからである。こうした民間主体の「保育サービス市場」の育成を、本来の政策目的とする必要がある。

■保育所の民間参入が進まない理由

認可保育所が慢性的に不足していることの大きな要因は、株式会社の参入が抑制されていることにある。福祉の基礎構造改革で、増え続ける高齢者への介護の担い手は、特別養護老人ホームを除き、民間企業主体のサービスへと大転換した。その結果、保育所に対応する日帰りのデイケアセンターへの「待機高齢者」はほとんど見られない。

これに対して保育では、認可保育所全体に占める公立の比重が39％と高く、これに社会福祉法人立（53％）を加えると92％となっている。他方で株式会社立（有限会社含む）の比率は４％にとどまっている（厚生労働省、２０１６）。これは市町村が認可保育所を設置する場合に事業者を公募する際に、株式会社を排除したり、優先順位を下げる等の措置を取っている場合も少なくないためとみられる。厚生労働省は、すでに２０００年に、それ以前の認可保育所の設置主体として株式会社を認めない通達を撤回した。また、２０１３年には地方自治体に対して、認可基準を満たす保育所は経営主体の違いにかかわらず積極的認可を求める通達を出したものの、大きな効果は得られていない。

この背景には、地方自治体や保育関係者の間で、株式会社に対する反発が根強いことがある。すなわち、①株式会社は利益を追求するため非営利の事業者と比べてサービスの質が低い、②公的な補助金が株主への配当として企業外に流出、③採算の見通しが立たなければ保育事業から安易に撤退する、等である。

株式会社立保育所のサービスの質にばらつきの大きいことは事実であるが、これは「規制なくして補助金なし」という保育所行政からも生じている。認可保育所としての基準が満たされれば多額の運営費が支給され、特に社会福祉法人立の保育所には法人税や消費税が免除される等の優遇措置がある。

他方で、認可外保育所には補助金だけでなく明確な規制もなく、事故が生じると「認可外保育所の質は低い」と批判される。これは飲食店等には補助金がないが、保健所の規制がかけられていることと対比される。認可外保育所に規制がないのは、認可保育所の基準が保育所としての「最低基準」であるという建前に基づくものだが、現に多くの認可外保育所が存在するもとで、保育所としての明確な最低基準を定め、それを下回る事業者は営業停止とすることが本来の保育行政の姿といえる。加えて、認可外でも質の高い保育所にはそれに見合った補助金を支給することで認可保育所の水準に到達することを支援する必要がある。

また、資本を提供した株主への配当は、銀行からの借金への利払いと同様な資本調達コストである。およそ株式発行で資本を調達し、資金の提供者に配当で報いることが利益の追求で、銀行借り入れに利子を支払うことが非営利という論理は成り立たない。株式会社は人件費の比率が低いとされるが、それは社会福祉法人のように、施設等の設備費が補助金でまかなわれていないためであり、

表7-1　設置主体別保育所廃止の事例

		過去10年間の累計件数の合計	該当あり自治体数	該当あり自治体における保育所数の合計
社会福祉法人が設置	設置主体が運営をやめた保育所数	51	27	1367
	うち倒産や解散、経営難により運営をやめた保育所	15	9	596
株式会社が設置	設置主体が運営をやめた保育所数	12	6	229
	うち倒産や解散、経営難により運営をやめた保育所	10	5	226
その他主体が設置	設置主体が運営をやめた保育所数	49	22	180
	うち倒産や財産、経営難により運営をやめた保育所	9	8	19

出所）公正取引委員会（2016）、3ページ。

対等な競争条件が必要とされる。

さらに、事業としての安定性を個々の企業ベースだけで見るのは妥当ではない。仮に保育サービスから撤退する企業があっても、その設備を買収して事業を続ける別の企業があればいい。むしろ、サービスの質が低くとも倒産しない保育所に割り当てられる利用者のデメリットも、考慮する必要がある。

保育所のサービスの質確保には、経営主体による規制ではなく、事業内容についての第三者評価で質の低い事業者を排除することが基本となる。子ども・子育て支援新制度において政府は２０１９年までに、すべての認可保育所が５年に１度の評価を受けることを目標としているが、これは最低基準に過ぎない。

自治体が株式会社の参入を抑制する問題について調査した公正取引委員会（２０１６）の報告書では、倒産や解散、および経営難等の理由で保育所を廃止した事例では、社会福祉法人、株式会社、その他の経営主体の差は小さく、株式会社を排除する理由にはならないことが示されている（表7－1）。自治体の株式会社排除の具体的な手法としては、①過去に認可保育所を経営した実績を前提とするなど、新規参入事業者への事実上の門前払い、②当該地域の社会福祉法人等の合意を事前に得ること、③すでに保育所を経営している他の事業者が参加する会議での承認、等があり、いずれも既存事業者の既得権への配慮が優先される仕組みとなっている。

こうした地方自治体の新規参入抑制的な行動を防ぐためには、競争政策の視点からの政府の介入が必要とされる。地方自治体に国から自主決定権と財源を移行する地方分権化は規制改革と並んで重要であるが、同時にカルテルや排他的な取引を行う民間企業を取り締まる公正取引委員会の機能は、同様な行動の地方自治体にも拡大することが必要となる。特に待機児童数が多いにもかかわらず、事業者間の公平な競争を妨げる自治体に対しては、その実態を明らかにするため、自治体の実名公表等の措置を検討することが望ましい。

2　保育サービス供給面の自由化

■保育士の不足対策

新規保育所の開設を抑制する大きな要因として保育士の不足がある。保育士の資格を得るには、保育士養成の大学・短大や専門学校等を卒業するか、9科目の筆記試験と3科目の実技試験からなる保育士試験に合格する必要がある。後者の保育士試験の合格率が20％程度と低く、新規の保育士の供給が増えにくい一方で、保育士自身の子育てと就業との両立が困難なために離職者が多いことが供給不足の主たる要因とされる。

このように難関の国家試験合格者と比べて、保育士養成の学校を卒業するだけで国家資格が得られる保育士の養成システムには、バランスを欠くという批判もある。これに対しては、医師・看護師や弁護士等の国家資格を得る場合と同様に、養成校の卒業の有無を問わず、共通の国家試験に合格しなければならないとのルールにすべきという考え方もある。そうすれば保育士試験の合格者が減るという見方もあるが、他方で養成校の平均レベルの卒業者が合格できる程度にまで試験の難易度が低下するという可能性の方が大きい（鈴木、２０１８）。

政府は保育士の不足に対応するため、①保育士試験の合格免除期間の5年への延長や年間試験回数の増加、②（朝夕など預かり児童が少数時に）保育士配置基準の一部緩和、③幼稚園や小学校教諭等の隣接資格者を「みなし保育士」とすること、および子育て支援員への部分的代替（延長保育時）、等を容認した。しかし、こうした国の規制緩和にもかかわらず、それを活用することには消極的な自治体も少なくない。

もともと、認可保育所での保育の担い手が、すべて保育士資格を有する必要性があるのだろうか。後述の内閣府が関与する「企業主導型保育所」は、企業の従業員のための事業所内保育所を地域住民にも開放することを条件に、その整備費・運営費を補助するものである。これは、もともと、児童福祉法ではなく、旧労働省の働く母親への支援の仕組みに基づいており、民間の保育サービス企業に、事業の運営が委託される場合が多い。ここでは保育士の半分以上が資格保持者であればよく、子育て支援員と組み合わせることで必要な保育サービスを提携している。今後、働く女性が主体となる時代の保育所は、こうした児童福祉よりも、共働き家族の就業支援を前提とした「保育サービス」が主体となる必要がある。

■利用者自己負担率の引き上げ

現行の認可保育所は、母子世帯等、家族による子育てが可能でない子どもを保育所に収容する児童福祉制度に基づいており、無料ないし低額の利用者負担が徴収される。このため、働く女性の増加とともに、保育コストに比べて利用料が極端に低いことから「超過需要」が生じている。

特に0歳児と1~2歳児の保育にかかる1人当たり費用は、国の基準では各々月額14・9万円と8・8万円となっているが、現実には自治体により大きな差が生じている。たとえば、表7－2に示した東京都C区の認可保育所の運営経費は、0歳児41万円、1歳児29万円、2歳児18万円と著しく高コストとなっている。それにもかかわらず、児童福祉の建前から、その使用料は保育コストとは無関係に、利用者の所得のみに応じて決まる「応能負担」である。また、その負担額が保育コストに比例せずに定められることの結果、3歳児未満の平均利用料は、年収1000万円以上の高所得層でも都内平均で5・7万円に過ぎない。これは東京圏の他の都市でも同様であり、国基準の10・4万円を大きく下回っている（東京都、2013）。このように、市町村が管理する認可保育所の運営経費は手厚い反面、利用者負担はコストと比べて低いというアンバランスが生じている。

表7－2　都内市区町村による保育料徴収単価のうち最も高い階層の単価

	国基準	都内平均	神奈川県			埼玉県	千葉県
			横浜市	相模原市	川崎市	さいたま市	千葉市
3歳未満児	104,000円	56,783円	77,500円	61,700円	77,000円	72,800円	70,200円
3歳児	101,000円	28,223円	43,500円	31,900円	31,500円	35,100円	35,420円
4歳以上児	101,000円	25,409円	43,500円	28,000円	31,500円	30,300円	35,420円

運営経費の例

	A区	B区	C区	D市	E市
3歳未満児	249,409円	222,670円	295,946円	196,000円	259,576円
0歳児	345,151円	268,840円	410,108円	310,000円	379,335円
1歳児	214,708円	208,691円	294,545円	148,000円	219,892円
2歳児	188,369円	190,480円	183,185円	130,000円	179,502円
3歳児	97,190円	124,213円	108,982円	75,000円	71,401円
4歳以上児	83,404円	115,334円	99,001円	70,000円	63,930円

出所）東京都（2013）、6ページ。

このため1年以上の育児休業の取得が可能であるにもかかわらず、0歳児の段階で認可保育所に入所を希望するという利用者のインセンティブが働きやすい。これは医療や介護保険では、費用の1～3割の自己負担率（月額上限あり）が必要な「応益負担」と対照的な「福祉の論理」である。

今後、待機児童を解消するための保育サービス拡充にあたっては、児童の年齢別のコストの大きさと、それを反映した利用者負担のあり方をタブー視することなく議論すべきである。たとえば、東京都江戸川区のように、公立の認可保育所では0歳児を受け入れず、原則として育児休業で対応し、それが可能ではない場合には保育ママ等の家庭的保育を活用するという方式がある

（第5章参照）。保育は児童の年齢によりコストに大きな差が生じる特殊なサービスであり、これを反映しない画一的な価格体系のままでは、際限なき超過需要が防げない。

他方で、既存の認可保育所に重点的に国の補助金が投入され、保育サービスの質において大差ない認証保育所等、地方自治体が補助する認可外保育所に投入される公費が乏しいという現状には、公平性の観点から大きな問題点がある。このためサービスの質ではなく、利用料が著しく低い認可保育所を求めるニーズが高まり、待ち行列ができるという矛盾が生じることになる。

■保育士給与引き上げの手段としての混合保育

２０００年に誕生した介護保険では、医療保険では原則として禁止されている公的保険と保険外サービスとの組み合わせが容認されている。たとえば週２回の在宅介護サービスの回数を、利用者の負担で週3回等に増やすことは可能である。また、原則は介護保険で費用がまかなわれる日帰り施設のデイケアセンターに、利用者が保険外サービスとして応分の費用を負担することで宿泊することも可能である。

これと同様に、保育所でも通常の預かり保育に加えて、診療所等との提携で病児保育を提供することへのニーズは高い。また、保育所にいるうちに、塾の講師による学習指導を受けさせたり、体育の指導者によるスポーツを学ばせたいという利用者のニーズもある。こうした付加価値の高いサービスを保育事業者が提供し、それに見合った報酬を受け取ることができれば、それを追加的な財源として事業者の採算が改善し、保育士の給与引き上げも可能となる。

すでに東京都の認証保育所等では、利用者との契約に基づいて多様なサービスが提供されているが、児童福祉法の厳格な枠組みのもとで管理されている認可保育所では禁止されている。これは児童福祉である以上、画一的な内容が必要という論理から生じている。しかし、保育所が幅広く利用されている普遍的なサービスとなっている今日、多様なサービスの内から「利用者の選択」を広げていくことがより重要といえよう。

3 企業主導型保育所のインパクト

保育ニーズの高まりにもかかわらず、児童福祉制度のままの認可保育所の改革が進まない一方で、待機児童対策として、内閣府の「子ども・子育て支援新制度」に基づき、新たな形態である「企業主導型保育所」が2016年に設立された。先述の通り、これは従来の企業が従業員のために設けた事業所内保育所を大幅に発展させたもので、児童福祉法に基づくものではないため認可外保育所の一種である。このもとになった事業所内保育所は、企業の従業員で子育てをしながら働く母親等を支援する福利厚生の一環である。このため、個々人の働き方の違いに応じて、平日だけでなく、夜間や週末の保育や短時間・短期間（週に2日だけ等）の利用も可能という柔軟な保育サービスが受けられる。

これまで認可保育所に比べ認可外保育所に対する国の支援は乏しく、もっぱら東京都の認証保育所等、一部の財源の豊かな自治体の支援にとどまっていた。これが地域住民の子どもを原則5割まで（地域により例外あり）受け入れることを条件に、保育施設の整備費及び運営費について、認可保育所と同程度の大幅な助成金を受ける新たな仕組みの保育所が設立されたことは画期的である。

さらに、この保育所の運営費は事業主拠出金を財源としていることから、市町村の予算制約に縛られず、待機児童が発生している等地域の保育需要が供給を上回っていれば原則として国により認可される。このため自治体の関与が小さく、企業による運営も自由であり、その設置に際しても、近くの認可保育所の有無等に影響されないことも大きな点である。

4　児童福祉からの脱却のカギとなる「子ども保険」

高齢者介護が一般財源によってまかなわれる「高齢者福祉」から、利用者が選択できる「介護サービス」に転換する場合のカギとなったのは、医療保険と同様な介護保険の設立であった。これはそれまでの一般財源に比べて、介護保険料という独自の財源が保証されることだけでなく、医療保険と同様に、利用者に介護サービスを購入できる事実上の「補助金」を提供できる。また、従来の福祉では、事業者の顧客は市町村であったことに比べて、利用者が自ら介護事業者を選択できる顧客となった。その結果、事業者間の競争を通じたサービスの質向上が促進されることになった。

これに対して「児童福祉」のもとでの保育所は、行政が利用者のニーズを把握して保育所を割り当てる「措置制度」のままであり、幼稚園のように利用者が自ら保育所を選択して契約することはできない。市町村の窓口で、利用者の「保育の必要性」が点数化され、それに基づいて選別される、いわば生活保護制度と共通した仕組みである。これは、本来は限られた一部の低所得層を対象とした制度のままであるためで、女性が働くことが当たり前で保育所へのニーズが普遍的な社会にふさわしくない時代錯誤の制度といえる。

この意味で、働く女性が傾向的に増える中での保育制度改革の基本的な方向としては、増える高齢者に対応した介護制度の改革にならうことにある。もっとも、介護保険にならって「子ども保険」を創設することに対しては、家族が子どもを持つことは家族がある程度までコントロールできるという意味で、疾病や要介護のような「保険事故」ではないという基本的な批判がある。また、仮に子ども保険ができれば、それを利用して家族が子どもの数を増やすことによる保険財政の悪化を懸念する声もある。しかし、それこそが本来の少子化対策であり、子ども保険は利用者のモラル・ハザードをむしろ歓迎する稀有な保険といえる。

子ども保険は、子育てのための金銭的費用や主として母親が就業を中断せざるをえないことによる機会費用の負担を、個々の家庭だけの責任ではなく、社会全体で支えるための仕組みと考えられる。そうであれば高齢者の要介護リスクに対応した介護保険と共通した面が大きい。これは子育てのための固有の財源を確保するとともに、高齢者に偏った社会保障費を改善するという効果もある。

現行の介護保険では、自治体は施設介護を除き、介護事業者を株式会社などの経営主体で差別することはできない。これは当初から民間活力を利用しなければ、増え続ける介護需要に対応できないという前提があったためである。これは潜在的に大きな保育需要についても同様であり、現行の介護保険をモデルとした仕組みが有効である。具体的には、新たな公的保険を創設するのではなく、現行の40歳以上を被保険者とする介護保険で空いている20～39歳の被保険者に介護保険料と同じ率の負担を求め、両者を合わせて保育と介護の負担をカバーする「家族保険」とする構想である（八代・鈴木・白石、２００６）。

子ども保険に対する批判としては、仮に自治体が介入しなければ、利益を追求する企業経営の保育所は、コストの高い障害児童を受け入れないという懸念がある。こうした事業者による逆選択を禁止するルールの制定は可能であるが、同時に不採算保育が特定の事業者に偏ることを防ぐために、介護保険の要介護認定と同様な「要保育認定」を設け、病弱者や障害者に対しては保育委託費の割増を設ければよいはずである。

また、子ども保険からベビーシッターや保育ママ等の在宅保育にも一定の支援を行うことで、子どもの年齢に応じた適切な役割分担を保育所との間に図ることもできる。子育ては専業主婦にとってもフルタイムの仕事であり、週に1、2回は応分の負担でこうしたサービスを受ける機会を提供することが必要といえる。

5　おわりに

保育の世界は、「(家族による）保育に欠ける」例外的な児童のための福祉制度のままであり、これが働く女性が当たり前となった労働市場で普遍的な保育サービスが求められている現状との矛盾が拡大する要因となっている。２０００年に設立された公的介護保険は、それ以前の家族が高齢者介護に基本的な責任を持ち、それが可能でない一部の家族を公的に支援するという高齢者福祉の仕組みを抜本的に改革し、株式会社の自由な参入で介護サービス供給力の大幅な拡大を実現した。

これと同様に、保育の世界にも措置制度の児童福祉から民間企業を主体とした保育サービスへと大転換させるために、子ども保険の設立を含めた保育制度改革が求められている。待機児童問題は、現在の保育問題の氷山の一角に過ぎない。遅ればせながら時代遅れの児童福祉制度を改革し、介護保険のレベルにまでキャッチアップする。それにより企業の創意と工夫を自由に生かせる質の高い「保育サービス市場」の形成を目指す必要がある。

参考文献

厚生労働省（2016）「保育分野における規制改革」。

公正取引委員会（2016）「保育分野に関する調査報告書〈調査結果抜粋〉」。

炭谷茂（2003）『社会福祉基礎構造改革の視座——改革推進者たちの記録』ぎょうせい。

鈴木亘（2010）『財政危機と社会保障』講談社現代新書。

鈴木亘（2018）『経済学者、待機児童ゼロに挑む』新潮社。

東京都（2013）「東京都における保育の状況」。

内閣府（2013）「『ワーク・ライフ・バランスに関する意識調査』結果速報について」。

八代尚宏・鈴木亘・白石小百合（2006）「保育所の規制改革と育児保険——少子化対策の視点から」『日本経済研究』53、194-220ページ。

第8章

今後とるべき待機児童対策

八田達夫
アジア成長研究所理事長

はじめに

本書では、現在の認可保育所のあり方を前提にして、待機児童削減のための方法を探ってきた。しかし真に有効な待機児童対策を講ずるには、認可保育所のあり方、さらには日本の保育制度のあり方全般にまで立ち返って、あるべき姿を考察する必要がある。本章ではそうした考察を行い、今後わが国がとるべき待機児童対策を提示することにしよう。[1]

1 緊急に解決すべき課題

本書の各章での考察によって、早急に解決すべき現状の保育制度の課題が明らかになった。そのうち主要なものは、次の4つである。

課題1［価格のゆがみ］……認可保育所の規制された保育料が児童1人当たりコストを反映していない。これは、不要な財政負担と社会的コストを招いている。

認可保育所の保育料は、児童1人当たりコストを反映していない（たとえば、板橋区全体では、保育コストのうち保護者が負担する割合は、約11・5％に過ぎない）。このため、質が同等の認可保育所と無認可保育所とを比較した場合、利用者は、社会的コストのより高い認可保育所の方を選択するインセンティブが与えられている。

さらに認可保育所と認可保育ママを比較した場合も、利用者には、社会的コストがより高い認可保育所を選択するインセンティブが与えられている。結果的に、児童1人当たりの財政補助も社会的コストもはるかに高い認可保育所が利用者に選択されてしまう。

課題2 ［不公平性］……認可保育所の入所に関して、高所得者が優遇され低所得者が冷遇されている不公平な事態が頻繁に発生している。[2]

認可保育料金の需給調整機能が働かないために保育サービスの混雑が発生する。その対策として自治体は、各保育所への入所者を直接配分している。これは不公平性を生み出した。

現在の仕組みでは、認可保育所への申込者それぞれに自治体が優先度を点数づけして入所者を割り当てる。その点数の基準はおおむね、①正社員の方が非正社員より高い、②就労日数や就労時間が長いほど高い、③すでに就労している人の方が就職内定者よりも高い、というものになっている。[3]

この点数づけの仕組みが原因で、夫婦ともにフルタイムの正社員として働く比較的所得の高い家庭の子どもは、保育料が高い認可保育所への入所選考の際に優先される。その一方で、母親が非正規のパートタイムの職しか得られない比較的低所得な家庭の子どもは、認可保育所への入所選考で優先度が低く、多くの場合、保育料が高い無認可保育所への入所を余儀なくされている。

これは、保育補助の目的ごとにふさわしい補助の方式が用意されておらず、異なる目的の入所者を、単一の配給ルールに基づいて保育所の枠に配分しているために起きている問題である。

低所得層には、認可・無認可保育所のいずれに入所する場合でも手厚い補助を支給する一方で、認可保育所の保育料は引き上げ、中・高所得層には、補助をしつつも相応のコストを負担してもらうことによって、この問題は解決する。

課題3［育休抑制］……育休をとることができる母親が、育休をとらずに、0歳児を高コストの認可保育所に入れるインセンティブが与えられている。

現在は、0歳児の母親は、原則として子どもが1歳に達するまで育児休業をとれる。しかし、1歳になってから保育所に入れようとしても、保育所は0歳から入っている子どもで埋まっており、空きがない。この状況では、1歳からの枠を確保するためには、0歳から入所させておく必要がある。このため、0歳時点では育児休業で対応したくても、それを諦めて保育所に預け、職場に復帰するという現象が起きている。

課題4［情報公開不足］……認可・無認可を問わず、保育所の情報公開が進んでいない。

認可保育施設を利用できない児童は現実に数多くいる。また序章で見た通り、認可保育施設よりも高く評価されている無認可保育施設は数多くある。[4] この状況で、利用者が保育所を正しく選択するためには、保育所の情報開示が必要である。

にもかかわらず、政府は質の開示義務づけには消極的である。これは、「認可保育所は質が高く、質の低い無認可保育所には入れない方がよい」という前提を置いているからである。この前提のもとでは、認可保育所間の比較をすることに意味はないし、最初から避けることを勧めている無認可保育所の質の情報公開に政府は関わるべきでないということになる。実際、認可・無認可を問わず、保育施設における児童の死亡などの重大事故に関してすら、政府は情報の収集・共有を法律的に義務づけることに消極的であった。[5] この実態は、政府が、「認可保育所が利用されるべきだ」と主張するときに根拠とする「質の確保」の強調とは矛盾している。

真に高い質の保育所を多くの児童に提供するために、政府は無認可保育所無視の建前を変えなければならない。その上で、認可・無認可を問わずすべての保育所に情報公開を義務づけるべきである。しかし、現在はそれがなされておらず、情報の非対称性が放置されている。

2 保育への公的補助が必要な理由

それでは、こうした日本における保育への公的補助は、元来どうあるべきだろうか。

経済学では、「市場の失敗がない場合には、サービス供給は市場に任せることで効率的な資源配分を達成する」ことが知られている。このことを根拠に、経済政策の指針が組み立てられる。[6] したがって経済学の視点からは、保育サービスに公的補助をすべき根拠は、①低所得者に対する所得再分配、および、②市場の失敗への対処である。以下ではこの順番で考えよう。

2-1 低所得者への補助[7]

所得再分配の観点から行う低所得者向けの保育補助を、「福祉としての保育」という。この観点からは、受給者が補助の使い方を自由裁量で決められるように、行政が受給者に現金を直接渡すのが望ましい。用途を役所が決めるのは、一般的に自己責任の原則に反する僭越な行為だからである。

しかし、子育てのための補助を、使途をまったく限定せずに現金で無条件に渡した場合に、親がそれをアルコールやタバコ、パチンコなど、親自身の目的に使うことがあれば、肝心の子どもの福祉につながらない[8]。福祉目的での保育補助は、基本的な使途を保育に限定して支給する必要がある。

2-2 中・高所得者への補助

市場経済において、中・高所得者に対する保育補助はどうあるべきだろうか。まず、「中・高所得者に対しては、保育料への補助は必要ない」という考えがある。「自分が好んで子どもを産んだのだから、自前の金で保育所に入れればよい。費用がかかるのが嫌なら最初から子どもを産まなければいい」というわけだ。現にアメリカ、イギリス、台湾などの諸国では、保育サービスに関して、中所得以上の層には公的補助を基本的に与えず[9]、市場における選択のみに任せている。これは先述の考え方に基づいているといえよう。

ただそうだとしても、利用者が直面する保育サービスの質に関する情報の開示を義務づけるのは、当然ながら国の役割である。それには、保育サービスに携わる人の性犯罪歴を徹底的に調査することも含まれる。市場で取引されている食品の安全性を国が厳しく監督するのと同様である。

一方、一般企業が女性を雇用する際には「情報の非対称性」が女性差別を生み出し、無駄を発生させることが多い。実は、保育所への公的補助の投入は、市場の失敗への対策として正当化できる[10]。

一般に女性は、結婚したり子どもができたりしたときに仕事を辞めてしまう可能性が男性と比べて高いために、企業にとっては、女性従業員に対して行うオン・ザ・ジョブ・トレーニング（ＯＪＴ）を通じた教育投資の平均的な収益率が、男性従業員の平均的な収益率よりも低いという事実がある。そのため、女性は労働市場で統計的差別（個々の労働者の能力を正確に把握できなくても、属性に関する過去の統計データに基づいた合理的判断から結果的に生じる差別）を受け続けてきた。企業には男性を雇うインセンティブがあるため、放っておくと男女差別が起きてしまうのである。[11]

これが情報の非対称性が生み出す差別である。「結婚しても子どもができてもガンガン働く。夫にも家事をやってもらい、私は仕事に邁進する」という女性はいる。一方で、「子どもは自分が家で育てたい」と思っている女性もいる。従業員の長期雇用を前提とする企業が、もしこれらの人を採用段階で区別できるならば、ずっと働いてくれる女性は一般的な男性と同じように雇うし、途中で辞めるつもりの人は、男女を区別せずに、最初から訓練機会が乏しく賃金も低い形態で雇うことになる。しかし現実には、応募者がいずれのタイプであるかは企業には区別できない。すなわち企業は、「採用段階で個々の応募者のタイプがわからない」という情報の非対称性に直面するのである。その結果、企業は、長期で働きたい女性を雇うことを諦めて、早期に辞めることを前提とした、実質的には別建ての賃金体系を女性に用意する。

そうなると、高い賃金なら長く働き続けるつもりだった女性まで、働き続けることにそれほどの見返りがないので早く辞めてしまう。そのため結果的に、労働継続の意思がある女性が生産性の低い職種でしか働かせてもらえない、という無駄が発生する。このような状況を、経済学では「逆選択」と呼んでいる。

この無駄をなくすための1つの方法として、企業が女性従業員を雇うごとに、国がその企業に対して補助金を出すことが考えられる。しかしそれでは、子育てが終わった人や、子どもを作る予定のない人にまで補助金を出すことになり、効果の割にコストがかかる。女性が仕事を辞める大きな原因が子育てにあることを考えると、より効率的な対策は、子育てに集中した公的支援を行うことである。つまり、保育所に対し、受け入れた子どもの数に応じて一定の補助金を出すという政策が正当化される。

要するに、子育てにかかるコストを少なくし、女性全般にとって働きやすい環境を作れば、情報の非対称性に基づく逆選択の度合いが少なくなる。これによって、女性の就労差別を減らすことができ、結果的に効率性を改善できる。序章でも述べたように、認可保育所の設立当初からの目的の1つは、女性の労働市場への参加促進であった。これを、経済学の観点からは「労働市場における、情報の非対称性に基づく女性差別要因を取り除くこと」だということができる。

年功序列制が支配的であり、そのために企業特殊的な人的資本が重んじられる傾向にある日本では、情報の非対称性に由来する女性の就労差別対策としての保育サービスへの公的支援は、特に重要だと考えられる。

3 競争環境確保の手段

以上のように、保育に関する公的補助を行うことを通じて政府が市場へ介入することには、十分な意義がある。しかし公的補助を与えるだけでは十分ではない。効率的に市場が機能するためには、消費者はさまざまな保育サービスのコストを反映した利用料に直面し、それらの間から自由にサービスを選択できなければならない。

そのような競争環境を担保するためには、①公的補助は、さまざまな種類の保育サービスの中から選択できる形での一括補助金、すなわち「バウチャー」として与えられることが有効である。次に、②利用者は、選択するサービスの質に関して十分な情報を持っている必要がある。さらには、③利用者の直面する価格がそのサービス生産のためのコストを反映している必要がある。

本節では、競争環境を整備するためのこれらの手段について考えよう。

3-1 公的補助手段としてのバウチャー

■サービス供給者への補助金と、サービス利用者へのバウチャー

行政が保育に対して行う公的補助の典型は、保育サービスの供給者に、補助金を支給することである。たとえば、認可保育所に対して国が補助金を与えると、保育料をそのぶん安くできる。

一方、利用者に現金を支給する補助方法もある。これはある範囲の保育サービスの利用料の支払

いに供するための現金支給である。認可保育施設の利用だけでなく、（「定められた手順」[12]で情報公開を行っている）無認可保育施設の利用にも使用できる。このような現金支給は、**バウチャー**（voucher）と呼ばれる。[13]この場合、施設には補助金は支払われないから、保育料自体は安くならない。しかし保護者は、直接的に給付された現金を保育料として支払うことができるため、保護者が保育サービスのために実質的に負担する額は下がる。

バウチャーの利点は、保育施設間の競争を生むことである。現在は、「安い認可保育所に入所が許可されなかったから、無認可保育所を選ぶ」ということが多い。しかし、利用者が得る補助金額が同じになると、利用者は、質が同じで料金が安い保育所であればそちらを選ぶことになるので、保育所間の質や料金に関する競争が起きる。このため、認可保育所も無認可保育所も、質の改善に努力しなければならなくなる。

■バウチャーによる憲法89条問題の回避

序章1－3項で述べたように、国からの保育施設への補助は憲法89条の制約で縛られていると長年考えられ、社会福祉法人以外の認可保育所事業への参画は2000年まで許されなかった。[14]しかし、政府が保育施設に補助するのではなく、保育施設を利用する保護者にバウチャーという形で直接補助するのであれば、憲法89条の問題を回避できる。個人に補助を渡し、個人が好きな保育手段を選ぶという形になるので、特定の保育施設への直接的な補助にはならない。

実際、国が憲法89条に対する当初の硬直的な考え方から転換し、バウチャー的な考え方を取り入れたことで、株式会社への運営費補助が可能となった。「施設に対する補助は、その事業者の財産に対する補助となるから駄目だ」という考えが長年採用されてきたが、現在では、少なくとも株式会社の施設の減価償却費に対する補助ならば、必ずしもその事業者の財産への補助とはならないので認められるという解釈もなされている。このように、限りなくバウチャーに近い運用が、憲法89条の問題を回避する方法として採用されてきているのである。

3-2 保育所の質の情報公開

保育施設の利用者は、バウチャーを用いて保育施設を自由に選択できる。ただし、保育の質に関する情報が、利用者に正確に伝わる仕組みがなければならない。それを保証するためには、次の4つの対策が必要となる。

第1は、保育施設が採用すべき最低限の基準を明示し、それに該当する施設をバウチャーの対象とすることである。そのような基準の1つには、厚生労働省が2001年に策定した「認可外保育施設指導監督基準」がある。この基準に合格している施設は、たとえば消費税が免除されるなどのメリットが得られる。2000年以前は「認可保育所のみが保育所である」という考え方のもと、認可外保育施設に対しては、質のチェックが一切されていなかった。2001年以降はこの監督基準により、認可外保育施設の基準が明確に規定されることとなった。

しかし、この基準にはいくつか問題がある。まず最大の問題は、この基準には、賠償責任保険への加入の義務づけが含まれていないことである。次に、警察との協力による従業員の性犯罪歴のチエックも行われていない（ヨーロッパでは、この点は重要な監督基準とされている）。最後に、この基準の対象は園児が6名以上の施設のみであるから、依然として5名以下の施設は事実上野放しになっている。ニュースで目にする保育事故には、こうした施設で生じたものも少なくない。知人に預ける場合は別として、インターネット等を通じて児童を募集し保育サービスを提供するような場合には、少なくとも認可外保育施設指導監督基準に準ずる登録基準を設け、自治体への登録を義務づけるべきであろう。

第2は、そのような基準を満たす保育施設に対して、インターネットを通じた徹底的な情報開示を義務づけることである。情報開示事項には、財務情報、保育所の1人当たり床面積、近所に公園があるか否か、保育に携わる者の人数、それぞれの経歴、園児の数などの基礎情報は当然含まれるべきである。当局は、認可外保育施設指導監督基準を満たしているか否かのチェックだけではなく、このウェブサイトの内容についての立ち入り検査も行うべきである[15]。加えて、利用者の意見や評判をこれから利用しようとする人が見られるようにすることも望ましい。

第3は、専門家による外部評価である。ヒアリングによって、スタッフ間やスタッフ・保護者間のコミュニケーションの質などを含めて、客観的な指標を超えた施設の質の評価がなされる。序章2－1項で引用した「保護者の評判が高い保育園ランキング」はその1つのモデルだが、無認可保育施設は認証保育所までしか対象になっていない。東京都で行っている第三者評価もう1つのモデルになるが、こちらも対象となる無認可保育施設は認証までで、ベビーホテル等は対象とされていない[16]。行政は、もっと広い範囲の無認可保育施設への外部評価を義務づけることができるはずである。さらに駒崎氏は第2章において、東京都では、第三者評価機関を事業者が選ぶため総じて評価が甘いと指摘している。それぞれの評価機関が対象とする事業者の相対評価を義務づけるなどの工夫が必要であろう。

これらの仕組みを保育施設の側から見ると、質の高いサービスを提供すれば評判につながって顧客を引きつけることができ、それによりバウチャーを通じた補助も得ることができる。サービスの質が低いと顧客を引きつけられないため、補助が回ってこない。そのため、結果的に施設間で競争が生じることになる。各施設の情報開示の正しさをチェックする国や自治体の役割は大きく、そこには費用もかかるが、それだけのリターンを得ることができよう。

インターネットの普及は、認可外保育施設の情報開示を決定的に容易にした。バウチャーの導入は、このような情報開示の事業者への義務づけと組み合わせて行うべきである。

第4は、親が保育所の運営に参加する委員会の仕組みを保育所ごとに作ること、および親がアポなしで自由に保育所を訪問して観察することを、施設が受け入れるよう義務づけることである。[17]

保育行政の基礎として、認可・無認可の枠を越えて、保護者の役に立つ基礎的な情報公開の義務づけを徹底する必要があろう。

3-3　保育コストを反映した認可保育料

さらに、認可保育所の保育料は、年齢ごとの児童1人当たりコストに等しくする。

無認可保育所の児童1人当たり保育料は、補助がバウチャーで与えられ、市場による保育サービスの供給が行われていれば、長期的には、年齢ごとのコストを反映した水準になる。年齢ごとの児童1人当たりコストより低い保育料は永続できないし、保育料がコストより高く設定される場合には、新規参入を促してしまうからである。

したがって、認可保育所の保育料もコストに等しく設定すれば、利用者は社会的コストと便益の比較に基づいた保育所の選択ができるようになる。そのための基本的方法は、「認可保育所の料金設定を自由化し、さらに保護者と保育所の間で直接契約を結べるようにすること」である。[18] そうすれば、競争によって保育料は保育コストに近づき、コストも下がっていく。[19] もう1つの方法は、認可保育施設で料金規制を続けるが、料金を1人当たりコストに等しくなるように規制することである。ただしこの場合は、事業者がコストを節約するインセンティブはなくなる。

4 現実的改革案

4-1 現実的改革案の目指すところ

■理想型

こう考えると、経済学的に理想的な日本の保育制度は、次の基本的性能を満たす必要がある。

「①政府は保育の公費補助の目的を明確化し、再分配のためには特段の補助を支給する。②次に、すべての保育施設に情報公開を義務づける。さらに、認可保育料には、1人当たり保育のコストを反映させる。③その手段として、認可保育料設定を自由化する。④保護者は、政府から各人が得た一定額のバウチャーを用いてさまざまな保育手段を選択する。」

■現実的改革案

しかし関係者の政治的抵抗を考えると、理想型の条件すべてを即座に達成することは難しい。[20] 政治が最も抵抗するのは、社会福祉法人に壊滅的な影響を与える改革である。その第1は、バウチャーの全面的な導入である。現実には株式会社による保育所の方が社会福祉法人によるものより高く評価され、認可保育施設より無認可保育施設の方が高く評価される場合が多いので、補助が対等になることによって競争が導入されると、社会福祉法人は耐えられなくなる（序章2-1項）。第2は、認可保育所の規制保育料の撤廃である。保育料が自由化されると、競争が激化してしまう。したがって、激変緩和のための経過措置が必要である。

そこで本節では、この現実に配慮した「現実的改革案」を提案する。この案は、理想型の性能のうち①と②のみしかそのままの形では満たしていないが、第1節に掲げた「緊急課題」を解決する。

まず、認可保育所の保育料は規制する。しかし、保育料に1人当たり供給コストを反映させることによって、料金規制の弊害をなるべく少なくする。一方、バウチャーは低所得者には支給しない。その代わりに、従来型の措置概念を残して、施設への補助金で対処する。低所得者に対しては、認可・無認可保育所ともに保育料の当人負担はゼロにする。この方式はバウチャーによる補助と違って、社会的費用の安い無認可保育所を利用させるインセンティブを受給者に与えない。ただし「現実的改革案」では、低所得者に家庭保育に対する補助金を支給することによって、高コストの保育料の利用は抑制する機能を組み込む。なお、中・高所得者は、バウチャーを利用して、認可保育所と他の保育サービスとを自由に選択できるようにする。

4-2　現実的改革案の条件

■所得階層にかかわらず共通な保育政策

それでは、現実的改革案が満たすべき条件を具体的に列挙しよう。

【条件P】保育補助の目的の明確化（Purpose Definition）[21]……「保育への補助目的を、中・高所得の女性の労働市場参画への障害除去のためと、低所得者への再分配のために、分割して規定する。」

その上で補助金額、補助手段（バウチャーか保育料引き下げかなど）、補助条件は、それぞれの目的に沿ったものにする。

【条件I】情報公開（Information Disclosure）……「政府は認可・無認可の別を問わず、すべての保育所にサービスの質に関する情報公開を義務づける。」

これは、利用者が正確な情報に基づいて選択できるようにするためである。具体的には、第3節で述べた方策をとる。統一基準に基づいた情報公開が行われるようになると、保育事故保険への加入の義務づけも可能になる。

【条件C】認可保育料へのコストの反映（Fees Based on Cost）……「認可保育施設の保育料は、年齢ごとの1人当たりの供給コストに等しくなるように設定する。」[22]

これは、認可保育所と無認可保育所やその他の保育サービスを保護者が選択する際に、両者のコストを比較して効率的に選択できるようにするためである。

以下では、認可保育所の1人当たり費用が公表されている板橋区を例にとって、保育料を算定しよう。板橋区の年齢ごとの認可保育所の1人当たり費用が表8－1の列②に示されている。一方、【条件C】によって、中・高所得者の認可保育所の保育料は、児童の年齢に応じた保育施設のコストに等しく設定されるから、保育料は列③のように1人当たり費用と同額となる。

以上は競争的な市場整備のための方策である。次に、公的補助のあり方を所得階層ごとに考える。

■ **中・高所得者への公的補助**

まず【条件P】で規定される目的に沿って、所得階層ごとに異なる公的補助のあり方を考えよう。ここでは一応、300万円未満を「低所得」、300～500万円未満を「中所得マイナス」、500～1000万円未満を「中所得」、1000～1500万円未満を「中所得プラス」、1500万円以上を「高所得」と呼ぼう。最初に高・中・低所得層への公的補助を説明し、その後で、中所得マイナスと中所得プラスについて論じよう。

表8-1　中所得者へのバウチャーと自己負担額

① 年齢	② 1人当たり費用	③ 保育料	④ バウチャー	⑤ 最小化された純自己負担額
0歳	42万円	42万円	9万円	6万円
1歳	21万円	21万円	9万円	6万円
2歳	19万円	19万円	9万円	6万円
3歳	13万円	13万円	7万円 (13万円)	6万円 (0万円)
4～5歳	11万円	11万円	5万円 (11万円)	6万円 (0万円)

注）表中括弧内の数字は、第3節で述べる修正無償化案の条件Cにおける数値である。
出所）板橋区立保育園園長会「板橋区内保育園パーフェクトデータ」より作成（http://hoiku.net/hoiku_guide_15）。

【条件H】「高所得世帯には、公的保育補助は一切支給しない。」

原則としては、補助に根拠があるが、この所得層にとっては、保育サービスを購入するのに市場価格を支払うことが女性の労働市場参加をほとんど阻害しない、と考えられるからである。

【条件M】「中所得者には、原則として、公的保育補助としてバウチャーを支給する。

①中所得者への保育補助は、家庭保育する世帯には支給されない。[23]これには、0歳児を家庭保育する母親のうち、育児休業制度を利用できる者も含まれる。[24]

②中所得者への保育補助は、低所得者への補助と違って、応分の自己負担を前提とする。具体的には、中所得者の児童へのバウチャー支給額は、児童の年齢ごとに『最も安い認可保育施設の利用料』から、定められた自己負担分を差し引い

た額とする。」

中所得者に対して児童の年齢ごとに支給されるバウチャー額を例示的に特定しよう。

以下では、認可保育所の1人当たり費用が公表されている板橋区を例にとって、先述の基準に従ったバウチャー額を算出する。

【条件C】のもとでの板橋区の認可保育所の保育料が、表8‐1の列③に示されている。一方で板橋区における、認可保育ママの利用料は約15万円である。[25]これらから明らかなように、「最も安い認可保育施設の利用料」は、3～5歳では認可保育料である。しかし認可保育ママを利用できる0～2歳では、認可保育ママの利用料である15万円である。

したがって、3～5歳では、「認可保育所の年齢ごとの1人当たりコストから、所得ごとに定められる自己負担分を差し引いた額」を支給する。0～2歳では、働く母親に対しては、「保育ママ利用額である15万円から、所得ごとに定められる自己負担分を差し引いた額」を支給する。

いま仮に、東京都の認証保育園で保護者が自己負担している保育料の平均に近い6万円を、中所得者の自己負担分とするとしよう。

この場合、各年齢に支払われるバウチャー額が表8‐1の列④に示されている（ただし④列と⑤列の括弧内の数字はここでは無視する）。上の3行には、板橋区の認可保育ママの費用である15万円から自己負担額6万円を差し引いた、9万円が示されている。下の2行には、それぞれの年齢に応じた認可保育料から6万円を差し引いた額が示されている。列⑤は、このバウチャー額に対応した自己負担額（＝認可保育料または保育ママ料からバウチャー額を差し引いた額）が示されている。

バウチャーは無認可保育所にも使うことができる。このため【条件I】と、【条件C】、【条件M】との組合せは、優れた無認可保育所の選択を促す効果がある。無認可保育所が高い質の評価を得ているにもかかわらず認可保育所への需要が高いのは、補助金の差を反映している場合が多い。したがって、さまざまな保育サービスに利用可能なバウチャーは、利用者に選択肢の拡大効果をもたらし、施設間の競争促進にもつながる。このようなバウチャーが導入される結果、3～5歳では認可保育所から無認可保育所への、0～2歳では保育ママへの大きなシフトが、それぞれ起こることになるだろう。[26] さらには、認可保育所への需要を削減する効果も期待できる。

■低所得者への公的補助

【条件L】

①ワーキング・プアを対象「再分配目的の保育補助対象としての低所得者は、生活保護世帯とワーキング・プア世帯の両方を含む（住民税非課税世帯を対象とする）。」

②保育サービスの無償化「低所得者に対しては、認可・無認可を問わず、保育施設（保育ママを含む）利用料の全額を政府が負担し、当人負担はゼロとする。[27] ただし、無認可保育施設に対する政府負担額は、児童の年齢ごとに『最も安い認可保育施設利用料』を上限とする。」

③家庭保育補助「2歳未満の子どものいる低所得世帯が家庭保育をする場合には、認可保育ママの利用料と同じ額の公的補助を行う。その際、保育にかかる費用を節約できれば、それを他の

目的にも使えることにする。[28]」

まず【条件Lの②】から、板橋区の場合、低所得世帯の3歳以上の児童には、認可保育所に対しては表8－1の列③に相当する額が支給され、認可保育ママに対しては約15万円が支給される。次に、無認可保育施設にも、3歳以上では、認可保育料の範囲の保育料ならば、政府が100％の保育料負担をする。[29] 3歳未満では、無認可保育ママを利用する場合、15万円までの利用料は政府が負担する。

さらに、【条件Lの③】から、家庭保育をする低所得者には、15万円を支給して、自由に使えることにする。この補助は一見すると法外に高いようにも見えるが、0～3歳のどの年齢でも、この額は、認可保育所に対する公的支出より低いから、財政節約に貢献する。[30]

■中所得プラス・マイナス層への公的補助

【条件Mプラス・マイナス】「中所得プラス・マイナスの所得層には、基本的に【条件M】を適用するが、公的補助額については次の補正を行う。

［中所得プラス］ 所得が1000万円の世帯は、中所得者が受けるバウチャーを得ることとし、所得が上がるにつれてバウチャー額を次第にフェイズアウトして、高所得（1500万円）になるところでゼロとする。

［中所得マイナス］ 所得が300万円の世帯は低所得者が得る補助金15万円をバウチャーとして

得ることとし、所得水準が上がるにつれてバウチャー額を減額する。所得が500万円に達すると、表8-1で示されている元来の中所得者のバウチャー額になるようにする。」

4-3 現実的改革案は緊急課題を解決する

第1節で指摘した緊急課題は、すべて本節で提示している「現実的改革案」によって解決される。まず、緊急課題1、4の「価格のゆがみ」と「情報公開不足」が、【条件C】と【条件I】によって解決されるのは明らかである。

課題3「育休抑制」に関しては、0歳児を持つ中・高所得者は、【条件C】によって禁止的に高い認可保育料に直面する一方、【条件M】によって、保育ママ利用料に対応したバウチャーがもらえるようになる（表8-1の列④参照）。しかも、1歳児になってもバウチャーを無認可保育所にも使うことができる。このため育休を諦めて0歳児から入所させるインセンティブがなくなる。このことが、育休活用の阻害を解決する。

さらに、課題2「不公平性」（不公平な認可保育所配分）に関しては、【条件C、M、L】によって解決される。まず、中・高所得者が直面する認可保育料が【条件C】によって引き上げられることに加え、【条件M】によって認可外保育所や保育ママの利用にバウチャーを活用できることが、中・高所得者の認可保育所への需要を減らす。その一方で生活保護受給者でない低所得者にも、【条件L】によって保育補助が充実されるからである。

認可保育施設の規制料金を上限価格として料金の引き下げを許すと、この改革によって認可保育所が効率化し、前掲の表8－1のベースになっている年齢ごとの保育費用が引き下げられる。これによって、保育無償化による財政負担増の一定部分を相殺してくれることになる。すなわち、「現実的改革案」は、政府に財政負担の軽減効果をもたらす。

5　3～5歳児への修正無償化案

5－1　政府による3～5歳児への無償化案

政府は、2019年10月から幼児教育・保育の無償化を全面的に実施することを正式に決定した。[31]この方針では、認可保育所に子どもを預ける場合、0～2歳児については住民税非課税の低所得世帯が無償化、3～5歳児については全員が無償化の対象である。また、無認可保育施設に預ける場合にも表8－2のように補助金が出ることになった。[32]

この制度のうち、低所得者の0～2歳児に関して、無認可保育施設に預けた場合も補助をすることにした点は画期的である。無認可保育ママを含めた認可外保育施設の活用が進み、社会的コストが軽減される。

ただし、補助額は月4・2万円までしかないから、認可保育所への補助額である42万円の10分の1に過ぎない。無認可保育施設への補助を増やすことによって、認可保育所からシフトが行われると、そのぶん全体の補助額は節約されることになるから、4・2万円の補助の限度額はもっと引

表8－2　幼児教育・保育の無償化案

	認可保育施設に預ける場合	無認可保育施設に預ける場合
0～2歳児	住民税非課税世帯のみ 基本的に全施設無償	住民税非課税世帯のみ 月4.2万円まで利用料を補助
3～5歳児	基本的に全施設無償	月3.7万円まで利用料を補助

き上げるべきであろう。特に0歳児に関しては、補助の限度額を15万円まで引き上げることによって、高コストな認可保育から保育ママへのシフトを促すことができる。

一方で、この政策の3～5歳児に関する無償化が、あるべき待機児童対策に逆行することは明らかである。

第1に、無料にしたところで、認可保育施設に入れない児童は無認可保育施設に入らなければならないのだから、今ある保育制度の矛盾はそのまま維持される。特に現在、大幅に認可保育所を増やすには保育士の供給が足りない。認可保育所は認証保育所等と違って、設立・運営に膨大な公費が必要になる。

第2に、低所得者に対する保育料軽減策はすでに存在しているから、今回の無償化の恩恵は、実は高所得世帯ほど大きい。今回の政府案は、言わば「高所得者のための無償化」なのである。

5-2　3~5歳児への修正無償化案

この無償化案には、早急な修正が必要である。この無償化政策がもたらすダメージをなるべくコントロールし、かつ早急に何らかの成果を上げるため、前節で提示した現実的改革案をベースとした「修正無償化案」を、ここでは提示しよう。この修正案のポイントは、次の4つである。


第1に、情報公開に財源を投入し、施設間の競争を促す。

第2に、高所得者は認可保育施設の無償化対象から外す。

第3に、無償化によって待機児童数が大幅に増えることを防ぐため、認可保育施設から無認可保育施設に需要をシフトさせる方策を総動員する。

第4に、認可保育施設の供給を増やす。


このため、「現実的改革案」に、3~5歳児への無償化を組み込み、それにいくつかの規制緩和策を加える。具体的には、「現実的改革案」の諸条件のうち、所得階層に共通な諸条件と、高所得者・低所得者に対する諸条件は、すべてそのままとする。その一方で、中所得者向けの【条件Mの①、②】に加えて、次を追加する。

③「ただし、3~5歳は例外として、バウチャーの支給額を認可保育所の保育料に等しい額とする。」

これにより、現在の保育所制度が抱えている緊急の問題を即効的に解決するとともに、3〜5歳児への無償化を組み込むことができる。まず所得階層別に補助政策を検討しよう。

■高所得者への保育料改革

【条件H】によって、高所得者に対する無償化はしないこととする。[33] 仮に建前上、無償化をすべての所得階層に対してせざるをえないのならば、認可保育所の定員は低・中所得者に割り当て、高所得者には一切割り当るべきではないであろう。

■中所得者への保育料改革

認可保育所の保険料は、【条件C】によって、1人当たり保育費用と等しくなるが、保育料に等しいバウチャーが支払われることによって、中所得者が負担する3〜5歳児への認可・無認可保育料は、間接的に無料になる。[34]

前掲の表8-1において、括弧内に金額表示がある4つのセルの数字を括弧内の数字で置き換えよう。こうして得られる表が、板橋区において、この案のもとで中・高所得者に支給されるバウチャー額を示している。3〜5歳児へのバウチャー額は、最後の2行に記されている。現実的改革案のもとでの数字と比較すると明らかなように、バウチャー額は6万円増加している（現実的改革案では、中所得者は、児童の年齢を問わず6万円の自己負担をするからである）。

対して政府案では、中所得者の1、2歳児は、無償化対象になっていない。表8-1の列②が示すように、1、2歳児の保育コストは3歳以上より高いから、中所得者には、一部自己負担をしてもらうということであろう。したがって、この年齢層に関しては現実的改革案の通り6万円の自己負担をしてもらうことにする。表8-1の列④には、この年齢層のバウチャー額は、現実的改革案のもとでのものと同じであることが示されている。

【条件C】によって、認可保育施設の保育料は、表8-1の列③のように高騰する。一方、バウチャーは無認可保育施設にも利用できるようになるから、中所得者たちは認可保育施設から無認可保育施設へ大きくシフトするであろう。

ところで、4-3項で述べたように、「現実的改革案」は0歳児の認可保育所利用を大幅に減少させ、課題3「育休抑制」を解消する。「修正無償化案」でも同様である。それに対して政府案では、中所得者に対する認可保育料が据え置かれる一方で、無認可保育ママへの補助は月額4・2万円しかなされない。したがって、0歳児の認可保育所依存は減らず、待機児童対策にはならない。

■低所得者への保育料改革

低所得者に対しては、本章の現実的改革案は、政府案より広い範囲の保育サービスに補助を与える。

現実的改革案では、低所得者は認可施設の保育料を無償にするだけでなく、無認可保育料にも公的補助を支給する。[35]【条件L】の説明で述べたように、板橋区の場合、2歳児以下では15万円、3歳児では13万円、4～5歳児では11万円がそれぞれ限度として支給される。【条件Lの③】（家庭保育補助）によって、2歳児までは15万円の家庭保育への補助金まで与えられている。したがって、現実的改革案をそのまま採用すれば、政府案の無償化は措置済みである。

■規制改革

4－3項で指摘したように、「修正無償化案」のベースになっている「現実的改革案」自体に、高コストの認可保育所から、高品質・低コストの保育サービスへと需要をシフトさせる改革が埋め込まれている。

しかし、無償化を行えば、そのぶん特に認可保育サービスへの需要は増え、待機児童数は増加する。これに対処する1つの方法は、保育士不足による認可保育所の供給制約を取り除くことである。このためには、認可保育所の保育士配置基準を、少なくとも東京都認証保育所の水準まで引き下げることが有効である。序章2－1項で示したように、無認可保育施設である東京都認証保育所の質に関する評価は、認可保育所を上回る場合も多いためである。

認可保育所の保育士基準は、保育士を減らしても、保育士以外の保育要員を増やすことにより、掃除や配膳などの労働を代置することによって、むしろ保育士に元来の能力をより有効に発揮させることができる。この規制緩和によって、保育士不足から解放される認可保育施設は、サービス供給を大幅に増やすことができるだろう。それだけでなく、この改革によって、無認可保育施設にとっても、保育士の採用が容易になる。

認可保育所の保育士配置基準の引き下げは、無償化がもたらす待機児童増大への最も有効な対策となるであろう。

6　結論

認可保育所は、戦後の制度出発時点から、①所得再分配と、②女性の労働参画の阻害要因除去という2つの目的を、「保育に欠ける」という単一の基準で達成しようとした点で無理のあるものであった。認可保育所が児童福祉法に基づき、子どもの福祉のために作られたものでありながら、現在は親の就労支援に対する需要が主になっていることが、待機児童問題の根源である。

しかも政府は、②を目的とする場合でも、「認可保育所が望ましく、無認可保育所は必要悪である」という立場をとっている。実際、すでに成功している東京都の認証保育所にすら、より費用のかかる認可保育所への転換を財政補助によって誘導している。そのため、無認可保育所への②の目的に基づいた補助基準の策定や、無認可保育所を児童が安心して使えるための質に関する情報開示の義務づけを怠り、また開示の正確性に関する監視等も「政府の所管外である」としてきた。そしてその間に、認可保育所への参入を規制する政治的勢力が形成された。

本章では、この状況を改善するために、次の原則に基づく保育制度の「現実的改革案」を示した。

①認可保育所の設置目的のもともとの不明確さを改め、再分配目的では十分な補助を行う一方、女性の労働参加阻害要因を除去する目的ではそれより低い補助を与える。

②利用者が自由な選択をできるよう、行政は情報公開の確保に全力を尽くす。

③中・高所得者は、保育コストをなるべく反映した保育料に直面すべきであり、低所得者以外が直面する保育料は引き上げる。

一方、政府は3歳児以上の全児童と低所得者（住民税非課税世帯）のすべての児童の保育料の無償化を実施することを正式に決定している。これは、すでに保育料が無償化されている低所得層には恩恵をほとんど与えず、高所得層に対して大きな恩恵を与える案である。しかも何らかの対策を並行しなければ、保育サービスに関する需要量を急激に増やし、待機児童問題を悪化させてしまう。

本章では、これによるダメージをコントロールし、長い目で見て適正な資源配分をもたらす「修正無償化案」を対策として提示した。これは基本的には、本章の「現実的改革案」に、3歳児以上の無償化を組み込んだ案である。それと同時に、認可保育所の保育士基準を東京都認証保育所の基準まで緩和することによって、保育サービスの供給を増やし、さらに認可保育所への補助金を引き下げることによって、財政的負担も軽減する案である。

本書に掲載した事業者・自治体へのインタビューは、これまでの待機児童対策の営々とした努力の積み重ねの記録である。今後の保育政策は、ここからの示唆を十分にくみ取って、形成されていくべきである。

（謝辞）本章の原稿に数多くの貴重なコメントを賜った鈴木亘教授に感謝申し上げたい。残る誤りは、私の責に帰すものである。

注

1 本書のウェブ補論「補論1　中・高所得者への保育補助の他の論拠」「補論2　政治的な抵抗」が、日本評論社ホームページ内の本書のサポートページ（https://www.nippyo.co.jp/blogkeisemi/hatta_nursery/）にアップされている。本論とあわせて参照してほしい。

2 鈴木（2018、75－76ページ、図2－5）を参照。

3 鈴木（2018、15ページ）。

4 序章の表0－3参照。これは、認可保育施設であるからといって利用者の満足度が高いとは限らず、反対に認可保育施設でなくても優れた質のサービスを提供するところも多いことを示している。

5 実際、認可保育所における重大事故に関してすら、2015年になって初めて法的拘束力を持って報告が義務づけられ、データベースが内閣府のウェブサイトで公開されるようになった（第2章6節参照）。それまで、国は保育事故の分析や検証はしておらず、保育事業者間で共有もされていなかった。また無認可保育所に対しては、この報告すら法的に義務づけられていない（ほいQチーム、2016）。

6 たとえば八田（2008、序章）を参照。

7 以下では説明の便宜上、低所得・中所得・高所得の3層に分けて論じるが、実際にはバウチャーの額などは所得に応じて連続的に変化させるべきである。本書での区分の例は、本章4－2項を参照。

8 このように、補助金を渡す側が補助金を受け取った後の人々の行動を把握できないために、補助金が渡す側の意図とは異なる用途に使われてしまうような状況を、経済学では「モラル・ハザード」と呼ぶ。

9　中・高所得者に対する保育補助の大きさについては国によって多様な考え方がある（たとえばスウェーデンでは、大学の学費が無料であるのと同じように保育料も無料であり、税金でそれらの費用がまかなわれている）。ただしＯＥＣＤ（２０１４）などの国際機関による保育補助の国際比較では、中・高所得者向け補助が低所得者向けから分離されていないので、中・高所得者に対する保育補助の状況については、個別に現地情報を得るのが実質的に唯一の調査方法である。たとえば、池本（２０１３）や平尾（１９９３）の指摘に共通するのは、情報が集められたアメリカの州では、中・高所得者に対して政府による保育補助が出されていないことだ。奥平（２０１６）によれば、イギリスにおける中所得者への保育の公的補助は、きわめて限定的である。また台湾については、台湾政治大学の黄智聡教授によれば、保育に対する唯一の公的補助は所得税の税額控除である。

10　市場の失敗の原因としての「情報の非対称性」に関しては、八田（２００８、第9章）を参照。「利用者が直面する」保育の質に関しては情報開示を義務づけることである程度解決できるが、「一般企業が雇用に際して直面する」応募者の希望や能力に関する情報の非対称性は情報開示では解決が難しいので、市場の失敗の軽減策として補助金という政策手段を用いる。

11　こういった差別を「倫理に反している」と非難することもできる。ずっと働き続けたい女性にとっては、女性というだけで統計的差別を受けており不公平だ、という問題である。この不公平は通常よく指摘される点だが、この観点からはよい解決策が生まれてこない。たとえば、男女の賃金をまったく等しくしなければならないという法律があれば、企業は、早期に辞める人が相対的に多い女性を最初から雇わなくなってしまう。さらに、男女雇用機会均等法が施行された約30年前には、筆者が個人的に知っている範囲でも、生命保険会社が総合職で入った女性に過度に仕事を与えて、自分から辞めさせようとするといった差別が行われていた。優秀な女性がずっと働き続けてくれるなら、会社にとってもその人を雇うメリットがある。にもかかわらず、情報の非対称性があるから女性一般を差別せざるをえない、というわけだ。

12 「定められた手順」については、本章３－２項を参照。以下では、この但し書きは原則省略する。つまり、単に「無認可保育施設」ということで、定められた手順で情報公開を行っている施設を対象とする。

13 諸外国における保育バウチャーの活用例については、内閣府（２００１）を参照。唯一の失敗例はイギリスであるが、所得階層別にバウチャーの給付額を変えなかったことが失敗の主たる原因に見える。

14 株式会社立やＮＰＯ立の認可保育所が許されたのは２０００年のことである（平成12年3月30日児発第２９５号厚生省児童家庭局通知「保育所の設置認可等について」、児発第２９７号「不動産の貸与を受けて設置する保育所の認可について」、児発第２９８号「夜間保育所の設置認可等について」、平成12年3月31日文初幼第５２３号文部省初等中等教育長通知「保育所の設置認可に係る規制緩和に伴う保育所を設置する社会福祉法人による幼稚園の設置について」）。

15 現在でも、東京都ではこのような立ち入り検査が行われている。これを国が義務化すべきである（東京都保健福祉局ホームページ「認可外保育施設（ベビーホテル等）立入調査結果一覧」http://www.fukushihoken.metro.tokyo.jp/kodomo/hoiku/ninkagai/tatiiri.html）。

16 「東京都福祉サービス第三者評価」参照（http://www.fukunavi.or.jp/fukunavi/hyoka/outline.htm）。

17 諸外国における例については、池本（２０１３）参照。

18 現在では、保護者は自分の希望する認可保育所の順番を申請時に書くことができるが、最終的には自治体が指定する保育所を利用しなければならない。

19　その場合、認可保育所は、ミシュランの星のように質を認定された保育所であるということになる。この場合の認可の基本的役割は情報発信シグナルになる。

20　詳しくは、ウェブ補論2「政治的な抵抗」を参照（日本評論社ホームページ内の本書サポートページ：https://www.nippyo.co.jp/blogkeisemi/hatta_nursery/）。

21　現在の児童福祉法には、児童相談所に関する規定などと混在した形で、保育所に関する規定が、保育所への公的補助の根拠が不明確なまま盛り込まれている。したがって、児童福祉法の保育所に関する規定を廃止し、新たに「保育所法」を制定し、保育への補助目的を明確化するのが望ましい。

22　ここでは、認可保育所に対して、情報シグナルとしての質に関する要件だけでなく、認可料金を認めている。これは認可保育所間の競争を制限することになるから、本章の「現実的改革案」は、経済学的に「最も理想的な案」ではない。最も理想的な案では、【条件C】は3-3項の「基本的方法」によって代替されるべきである。「現実的改革案」は、料金認可は残すこととするが、利用料にコストを反映させることで、他の保育施設とのある程度の競争を導入しようとするものである。

23　中・高所得者の女性への保育補助は、その目的が就労差別対策であるから、働く女性に対してのみ支給される。このため、中・高所得者へのバウチャーは、施設に対して入所児童の人数に応じて均等の公的補助を、認可・無認可の別を問わず直接支払うことによっても達成される（その際は、集客力があり、かつ生産性の高い施設が大きな利益を得る）。

24　育児休業制度のもとで家庭保育をすることが、女性の労働市場における逆選択を助長することにはならないからである。

25　実は保育ママ費用には多少の幅がある。ここでは十分費用がまかなえるように多めに計上している。板橋区の場合、1人の保育ママが1人の児童だけ預かるとすると、1カ月当たりでは、基本保育料（1万7000円）+自治体からの運営費（7万7200円）+基盤整備費など（4万5000円）+月1回の土曜日保育（1万1000円）=合計（15万200円）となり、それに雑費（2000〜6000円）が加わる。しかしこの保育ママが2人の児童を預かる場合には、1人当たりの基盤設備費が半額になる。ただし、1年を通して児童を預かれない保育ママの場合は、1人当たりの基盤整備費は、その分高くなる（http://puchuuu.com/hoikumama-hataraku-tokyoto/hoikumama-tokyo-itabsiku/）。ここでは、やや多めに月15万円としている。

26 なお、望むならば、0〜2歳の児童の保護者は、9万円のバウチャーを認可保育所利用や無認可保育所の保育料の一部として使うこともできる。ただし0歳児を、家庭保育したり、保育ママに預けたりするのではなく、認可保育所に入所させようとすると、33（=42−9）万円の自己負担をしなければならない。したがって育休をとれる中所得者が認可保育所を利用する場合には、「禁止的に高い保育料」に直面するといえよう。

27 したがって、低所得者へのバウチャー額は、中・高所得者で定義した年齢ごとのバウチャー対象額そのものになる。

28 保育補助の目的は就業促進ではないからである。なお、支給されたバウチャーは、紙おむつや離乳食、ミルクなどの費用だけでなく家庭保育に携わることで失ってしまう賃金収入（得べかりし所得）をカバーする。

29 施設に対する補助金ではなく、この額に等しいバウチャーが支払われる場合には、保護者は、さまざまな保育手段をこのバウチャーを用いて選ぶことができる。一方、低所得者の児童を入所させる施設に補助金を与える場合は、認可保育施設の代替的保育手段にも公的補助を行う必要がある。しかし、100%補助金の場合には、利用者にとってどの施設を選ぼうと、保育料の工程に関係なく負担は同じになるから、効率的な施設を選ぶインセンティブを生まない。バウチャーの場合には、利用者が安い施設を選べばそのぶん得をするから、サービス提供コストが安い施設を選ぶインセンティブがあるのと対照的である。

30 【条件Lの②】によって、保育所や保育ママは無料であるから、【条件Lの③】がなければ、家庭保育の社会的費用の方がより安くても、補助がない限り家庭保育は選ばれない。したがって、【条件Lの③】は、家庭保育の方が保育ママに比べて社会的費用がより安い場合には、家庭保育が選ばれるようにするためである。

31 内閣府「幼児教育無償化の制度の具体化に向けた方針」２０１８年12月28日（https://www8.cao.go.jp/shoushi/shinseido/outline/index.html#houshin）。

32 内閣府「幼児教育の無償化に関する協議の場 幹事会（第2回）資料1 幼児教育の無償化について」２０１９年２月１４日（https://www8.cao.go.jp/shoushi/shinseido/meeting/free_ed/kanji_2/index.html）。

33 『日本経済新聞』２０１９年2月23日付の社説「幼保無償化に所得制限を」も参照。

34 低所得者が負担する保育料が直接的に無料になり、そのコスト分を政府がまかなうのと対照的である。

35 ただし、ここで補助対象になる無認可保育施設は、定められた手順で情報公開を行っている施設である。以下で無認可保育施設への公的支援を直接・間接に行うときは同様である。

参考文献

ＯＥＣＤ（２０１４）*Education at a Glance 2014.*

池本美香（２０１３）「幼児教育・保育分野への株式会社参入を考える――諸外国の動向をふまえて」『ＪＲＩレビュー』４（５）、54-87ページ。

大村大次郎（２０１７）「待機児童の裏に隠された、『巨大な保育利権』の深い闇」「大村大次郎の本音で役に立つ税金情報」、２０１７年３月21日。

奥平寛子（2016）「フィールド・アイ　英国から①　ロンドンの保育事情」『日本労働研究雑誌』672、87-88ページ。

週刊ダイヤモンド（2010）「保育園業界のムダと闇（特集　増えぬ新規参入 減らぬ待機児童　保育園問題の不合理）」『週刊ダイヤモンド』2010年2月6日号、141-144ページ。

鈴木亘（2018）『経済学者、待機児童ゼロに挑む』新潮社。

内閣府（2001）「バウチャーについて――その概念と諸外国の経験」『政策効果分析レポートNo.8』2001年7月6日。

八田達夫（2008）『ミクロ経済学I――市場の失敗と政府の失敗への対策』東洋経済新報社。

平尾桂子（1993）「アメリカ保育事情（1）」「平尾桂子の研究室」ホームページ。

ほいQチーム（2016）「もしも、あなたの保育園で事故が起こったら」「アゴラ」、2016年10月7日。

山重慎二（2013）「児童1人当たり年間保育経費の再推計」内閣府2013年7月25日提出参考資料。

編著者紹介

八田達夫（はった　たつお）

1943年生まれ

1966年　国際基督教大学教養学部卒業

1973年　ジョンズ・ホプキンス大学経済学部博士（Ph.D.）

ジョンズ・ホプキンス大学助教授・准教授・教授、大阪大学教授、東京大学教授、政策研究大学院大学学長、経済同友会政策分析センター所長などを歴任。現在、アジア成長研究所理事長・所長（2013年から所長。2018年から理事長を兼務）。国家戦略特区諮問会議議員、同会議ワーキンググループ座長等も務める（2014年-）。

主著：『年金改革論』（共著、日本経済新聞社、1999年、日経・経済図書文化賞受賞）、『ミクロ経済学Ⅰ・Ⅱ』（東洋経済新報社、2008・2009年）、『電力システム改革をどう進めるか』（日本経済新聞出版社、2012年）ほか。

待機児童対策《たいきじどうたいさく》——保育《ほいく》の充実《じゅうじつ》と女性活躍《じょせいかつやく》の両立《りょうりつ》のために

2019年５月20日　第１版第１刷発行

編著者　八田達夫

発行所　株式会社日本評論社

〒170-8474　東京都豊島区南大塚3-12-4

電話　03-3987-8621（販売）　03-3987-8595（編集）

https://www.nippyo.co.jp/　　振替　00100-3-16

印刷所　精文堂印刷株式会社

製本所　井上製本所

装　幀　溝田恵美子

Printed in Japan　　ISBN978-4-535-55943-1